LITERATURA E VIDA LITERÁRIA
Polêmicas, diários & retratos

BRASIL OS ANOS DE AUTORITARISMO
análise · balanço · perspectivas

Consultores: EDSON DE OLIVEIRA NUNES, *cientista social (Iuperj)*
LINCOLN PENNA, *professor de história (UFRJ)*
MATINAS SUZUKI, *jornalista (Folha de S. Paulo)*

Coordenadora editorial: ANA CRISTINA ZAHAR

Os Despossuídos: Crescimento e Pobreza no País do Milagre, *Sérgio Abranches*
Televisão & Vídeo, *Fernando Barbosa Lima, Gabriel Priolli e Arlindo Machado*
A Militarização da Sociedade, *Clóvis Brigagão*
A Igreja e o Autoritarismo, *Marcos de Castro* (Prefácio de Frei Betto)
A Desordem Jurídica, *Marcelo Cerqueira e Roberto Amaral*
As Artes Plásticas, *Wilson Coutinho*
O Golpe na Educação, *Luiz Antônio Cunha e Moacyr de Góes*
Nova República?, *Florestan Fernandes*
O Brasil no Mundo, *Paulo Francis*
A Imprensa nos Anos de Autoritarismo, *Jânio de Freitas (organizador)*
A Política Científica e Tecnológica, *E. A. Guimarães, F. Erber e J. Tavares*
Sociedade e Política, *Helio Jaguaribe*
O Teatro sob Pressão: Uma Frente de Resistência, *Yan Michalski*
A Reconquista da Terra, *Carlos Minc*
Justiça e Autoritarismo, *F. A. de Miranda Rosa*
A Ciência na Universidade Brasileira, *Cláudio Moura Castro*
A Política Nuclear e o Caminho das Armas Atômicas, *Luiz Pinguelli Rosa*
Economia: Milagre e Anti-Milagre, *Ignacio Rangel*
20 Anos de BNH, *Jó Rezende, João Ricardo Serran e Fernando Burmeister*
Burguesia Nacional e Capital Estrangeiro, *Karlos Rischbieter (org.)*
O Humor, *Cora Rónai entrevista Millor Fernandes*
O Esporte & O Carnaval, *João Saldanha e Roberto Moura*
A Questão Urbana, *Benício Schmidt e Ricardo Farret*
A Manipulação de Dados, *Antonio Maria da Silveira*
A Distribuição de Renda, *Paul Singer*
Literatura e Vida Literária, *Flora Sussekind*
A Música, *Matinas Suzuki (organizador)*
O Grande Salto para o Caos, *Maria da Conceição Tavares e J. Carlos de Assis*
A Deformação da História em um Regime Autoritário, *J. L. Werneck da Silva*
O Cinema, *Ismail Xaviel, Jean-Claude Bernadet e Miguel Pereira*

Flora Sussekind

Literatura e Vida Literária

Polêmicas, diários & retratos

Jorge Zahar Editor

Rio de Janeiro

1985
Direitos para esta edição contratados com
Jorge Zahar Editor Ltda.
rua México 31 sobreloja
20031 Rio de Janeiro, RJ

Ficha técnica
Consultor Editorial: Matinas Suzuki; *Revisão:* Sheila Bastos (copy); Robson Ramos, Lúcia Mousinho, Renato Carvalho (tip.); *Projeto Gráfico:* Ana Cristina Zahar; *Arte-final:* T. Fernandes (capa); José Geraldo de O. Lacerda (texto); *Composição:* ALcomp ltda; *Impressão:* Ionelli Indústrias Gráficas ltda.

CIP-Brasil. Catalogação-na-fonte
Sindicato Nacional dos Editores de Livros, RJ

Süssekind, Flora.
S963 Literatura e vida literária : polêmicas, diários e retratos / Flora Süssekind. – Rio de Janeiro : Jorge Zahar Ed., 1985.
(Brasil: os anos de autoritarismo)
Bibliografia.
1. Literatura brasileira – História e crítica – 1964-1984 2. Literatura e sociedade – Brasil 3. Política e literatura – Brasil I. Título II. Série

CDD – 869.9094
800:32098106
800:301098106

85-0560

ISBN: 85-85061-15-4

Sumário

NOTA PRÉVIA

Mesmo tratando de um passado bastante recente, algumas vezes foi difícil ter acesso a livros hoje esgotados, publicações alternativas ou material jornalístico disperso. Nesse sentido agradeço a Armando Freitas Filho, Júlio Castañon Guimarães e Rui de Almeida Campos pelo empréstimo de livros e por uma ou outra lembrança. E a Mário Sérgio Conti pelo acesso a material publicado na imprensa recente sobre literatura, dado extremamente útil para perceber a recepção inicial provocada por certas obras.
Agradeço também, e de uma maneira muito especial, a Luiz Costa Lima que, em fevereiro de 1984, me solicitou um breve balanço da literatura brasileira dos últimos anos, apresentado posteriormente na Universidade de Minnesota durante um seminário realizado pelo seu Departamento de Português e Espanhol. Foi este artigo que serviu de ponto de partida para o presente livro.

Rio, julho de 1985

Hoje é o dia que não temos mais nada para queimar. Havia ainda algumas cartas antigas, e são elas que estão queimando agora. Nós estamos olhando as chamas e pensando que cada uma pode ser a última.

Caio Fernando Abreu. "Holocausto" em *Pedras de Calcutá*

I made a fire; being tired
Of the white fists of old
Letters and their death rattle
When I came too close to the waste basket
What did they know that I didn't?

Sylvia Plath. "Burning the letters"

Abra-se meio ao acaso o *Abismo de rosas* de Dalton Trevisan. É possível que uma frase como "Os vagalumes riscam fósforos à procura da chave da porta", lida num de seus contos, sequer detenha o olhar do leitor apressado. É possível, no entanto, para quem igualmente tateia em meio ao vivido, às próprias lembranças geracionais, ao que ainda não constitui capítulo obrigatório dos livros de História (literária ou não), identificar-se de repente a tais vagalumes. Quais as chaves para interpretar a literatura brasileira das duas últimas décadas? Como pensar no passado sobre alguma coisa que nos parece ainda presente? Como transformar o que é memória recente, livros que mal acabamos de fechar, em História?

Talvez o caminho seja mesmo o do paradoxo. O dos vagalumes que, já dotados de brilho próprio, buscam luz suplementar nos fósforos; não resolvendo, dessa maneira, o problema de sua iluminação sincopada e necessariamente cheia de intervalos de escuridão. Pois os fósforos, como a luz dos vagalumes, têm brilho rápido, logo se apagam também. E, problema maior: nada garante que, com iluminação extra, se encontre a chave. Ou que tal saída possa ser encontrada por quem se acha no interior do mesmo recinto defeso.

Quem se encontra "trancado" em certo período histórico, em determinadas amarras discursivas, dificilmente consegue enxergar esta "casa de vidro" com olhos diferentes daqueles que suas próprias circunstâncias biográfico-geracionais lhe emprestaram. Daí, o risco de, ao interpretar o material ficcional contemporâneo, apenas repeti-lo com dicção ensaística, como os fósforos que servem de duplos aos vagalumes. Sem perceber-lhe as lacunas, os titubeios e hesitações, porque muitas vezes são os nossos. Sem delimitar bem quais as linhas de força do período, o que lhe é mais característico, porque tal demarcação envolve obrigatoriamente o reconhecimento de nossa própria historicidade, de nossos limites enquanto personagens disto que se tenta perceber de súbito não mais como vivido, mas como objeto de análise. Trata-se, pois, de voltar-se sobre si mesmo. E arriscar-se a duplicar a luz sem achar chave alguma.

É, portanto, com este risco de reduplicação inútil, de súbita aporia, que se passarão a examinar aqui certas questões culturais privilegiadas pela produção ensaística recente e alguns dos rumos tomados pela prosa de ficção e pela poesia brasileira pós-64.

I. Censura: Uma Pista Dupla

A censura tem sido uma espécie de rua de mão única, explicação privilegiada para os que analisam a literatura brasileira dessas duas décadas que se seguiram ao golpe militar. Realismo mágico, alegorias, parábolas, *ego-trips* poéticas? Tudo se explica em função do aparato repressivo do Estado autoritário. Seja a preferência pelas parábolas ou por uma literatura centrada em viagens biográficas, a chave estaria ou no desvio estilístico ou no desbunde individual como respostas indiretas à impossibilidade de uma expressão artística sem as barreiras censórias. Romance-reportagem, conto-notícia, depoimentos de políticos, presos, exilados? Tais opções literárias também estariam ancoradas numa resposta à censura. Só que direta. Se nos jornais e meios de comunicação de massa a informação era controlada, cabia à literatura exercer uma função parajornalística. Respostas diretas (naturalismo) ou indiretas (parábolas), trata-se a produção literária como se o seu grande interlocutor fosse efetivamente a censura. Esquece-se assim do diálogo que ao mesmo tempo mantém com a tradição e com o seu público.

Raramente se pergunta, por exemplo, por que a preferência por estas duas faces do realismo (mágico ou jornalístico), por uma literatura superpovoada de pistas alegóricas e obcecada pela referencialidade, e não por uma linguagem menos "figurada" e mais ficcional, mais seca, e cujas elipses poderiam responder de modo talvez mais crítico aos silêncios impostos pelo regime autoritário. Por que os filões narrativos de maior sucesso foram a literatura-verdade de João Antônio, José Louzeiro, Aguinaldo Silva, Valério Meinel; a prosa alegórica de um Roberto Drummond, do *Incidente em Antares*, de Érico Veríssimo, de *A festa*, de Ivan Ângelo; textos confessionais como *Feliz Ano Velho*, *Com licença, eu vou à luta* ou *Tanto faz;* fábulas como a *Fazenda modelo* de Chico Buarque de Holanda; depoimentos político-biográficos como os de Fernando Gabeira, Alex

Polari, Reinaldo Guarany ou Gregório Bezerra; os seis volumes de memórias de Pedro Nava, acompanhados de *O menino grapiúna*, de Jorge Amado, e do *Solo de clarineta* de Érico Veríssimo? Por que, também no campo da poesia, a dominância do texto memorialista como no Drummond de *Boitempo, Menino antigo* e *Esquecer para lembrar;* em *A escola das facas,* de João Cabral de Melo Neto; no *Poema sujo,* de Ferreira Gullar? Ou do bate-papo geracional de poetas como Chacal, Bernardo Vilhena, Charles, Guilherme Mandaro e outros, pertencentes à chamada "geração mimeógrafo"? De comum, nesta literatura "vitoriosa" durante os governos militares, a opção pela referencialidade biográfica ou social. Referencialidade pautada ora numa linguagem cifrada, cheia de imagens, "barroca"; ora descritiva, naturalista, jornalística.

Ao lado dessas correntes vitoriosas, porém, outros caminhos menos percorridos: os obsessivos parênteses e o aniquilamento da ação narrativa em *Um copo de cólera* e *Lavoura arcaica* de Raduan Nassar; as memórias de Engenho de Dentro de Torquato Neto; o olhar às vezes afetivo, às vezes implacável sobre a própria geração dos contos de Caio Fernando Abreu; o diálogo cheio de ironia com a loucura em *Armadilha para Lamartine*, de Carlos Süssekind de Mendonça Filho, e *Quatro olhos*, de Renato Pompeu; os mentirosos "diários íntimos" de Ana Cristina Cesar; a poesia reflexiva de Ronaldo Brito; o jogo rápido e cortante de Chico Alvim; a lacônica violência de Rubem Fonseca; as *Galáxias*, de Haroldo de Campos, e os fragmentos de Waly Salomão; os silêncios, montagens e a brincadeira com o "jornalismo romanceado" em *Zero*, de Ignácio de Loyola Brandão, com a estética do espetáculo em *PanAmérica* de José Agrippino de Paula, ou com a sinceridade do texto de memórias como nas *Confissões de Ralfo*, de Sérgio Sant'Anna, ou no romance-ensaio *Em liberdade*, de Silviano Santiago; a poesia *menos* de Augusto de Campos e José Paulo Paes; o humor gráfico-verbal de Carlos Saldanha; e uma poesia que brinca com o "sujeito biográfico" dominante nos textos dos anos 70 e o converte em personagem literário como em *Antilogia* ou *Isso não é aquilo,* de Sebastião Uchoa Leite, ou no *longa vida* de Armando Freitas Filho.

Caberia perguntar, em suma, por que a vitória das parábolas, biografias e do naturalismo em detrimento de uma literatura que jogasse mais com a elipse e o chiste? Em geral sequer se pensa na possibilidade de um encaminhamento menos documental ou alegórico para a literatura do período. Imagina-se que essas seriam as únicas saídas possíveis tendo em vista o rigor da censura. Quando lembramos, no entanto, a existência de textos mais tensos e capazes de trabalhar ficcionalmente com silêncios, cortes, risos nervosos, não parecem tão inevitáveis assim os rumos tomados pela literatura brasileira pós-64. A censura deixa de ser explicação suficiente e nota-se que ela mesma é apenas um dos personagens criados nos dois últimos decênios. E personagem talvez não tão poderoso quanto se imaginava.

Antes de buscarmos outras explicações para as opções estéticas da década de 70, examinemos este personagem cuja possível fragilidade se acaba de acentuar. Primeiro, um exame do ponto de vista da estratégia cultural do próprio governo autoritário. Em seguida, levando em conta os seus efeitos sobre autores e público literário brasileiro.

A estratégia da aranha

Ao contrário do que se pensa normalmente, a censura não foi nem a única, nem a mais eficiente estratégia adotada pelos governos militares no campo da cultura depois de 1964. Assim como no plano estritamente político não se pode falar destas duas décadas como um todo monolítico, também a estratégia cultural não se manteve idêntica. Flexibilidade institucional que tem sido apontada, inclusive, como um dos principais motivos de o regime autoritário se manter por vinte anos no poder.

Segundo Carlos Estevam Martins e Sebastião Velasco e Cruz, em "De Castelo a Figueiredo: uma incursão na pré-história da *abertura*", texto publicado em 1983, seria possível definir o sistema de poder inaugurado no Brasil a partir de 64 em função de "duas características aparentemente contraditórias" – a durabilidade e a mutabilidade:

> São coisas diferentes, claro está, o que vem durando e o que vem mudando. O duradouro tem sido a permanência no poder da coalizão que, desde 1964, assumiu o controle do Estado. O mutável tem sido a forma assumida pelo Estado, vale dizer, o regime político propriamente dito. Esses dois aspectos – o quem e o como – longe de se antagoni-

zarem, se complementam: as mudanças (do regime) viabilizaram a conservação (do poder). (*39*, p. 13)

No caso específico da política cultural, as mudanças têm sido significativas. Seria possível estabelecer ao menos três períodos diferentes, três estratégias diversas adotadas ao longo destes anos. E que incluem o desenvolvimento de uma estética do espetáculo, uma estratégia repressiva ladeada pela determinação de uma política nacional de cultura, e um hábil jogo de incentivos e cooptações, mais fácil à medida que as opções de trabalho intelectual se tornam ainda mais restritas diante da situação de desemprego generalizado no país desde fins da década passada.

O espetáculo como tática – Até 1968, curiosamente, houve certa liberdade inclusive para a produção cultural engajada. A estratégia do governo Castelo Branco foi, por um lado, expansionista – superdesenvolvimento dos meios de comunicação de massa, sobretudo a televisão; por outro, até liberal com relação à arte de protesto e à intelectualidade de esquerda, desde que cortados seus possíveis laços com as camadas populares.

Sobre esta primeira estratégia, comentou Roberto Schwarz em ensaio de 1970, "Cultura e política, 1964-1969":

> Torturados e longamente presos foram somente aqueles que haviam organizado o contato com operários, camponeses, marinheiros e soldados. Cortadas naquela ocasião as pontes entre o movimento cultural e as massas, o governo Castelo Branco não impediu a circulação teórica ou artística do ideário esquerdista, que embora em área restrita floresceu extraordinariamente. (*61*, p. 62)

Tratava-se, isto sim, de limitar o seu campo de ação a "uma área restrita". Enquanto isso, contra-ataque extremamente eficiente do expansionismo cultural do governo. Para as "massas", um outro interlocutor: a televisão. E, com a expansão nacional das redes de televisão concedidas pelo Estado, a certeza de um controle social efetivo em cada casa que possuísse o seu aparelho transmissor. E o desenvolvimento de uma outra estética, rapidamente assimilada pelo gosto popular: a do espetáculo. Não é de espantar que Flávio Tambellini, profissional de cinema, afirmasse cheio de entusiasmo em 1967: "Jamais o cinema no Brasil contou, como no governo Castelo Branco, com tão nítido apoio."

Aos intelectuais ligados à produção ideológica, à cultura de protesto, restava uma espécie de "diálogo de comadres". Ou falavam com os que já simpatizavam com seu ideário, ou com a própria camada dirigente. Quando se imaginavam em diálogo com a massa operária ou camponesa, seus interlocutores eram bem outros. Daí, a maior parte da arte de protesto de fins dos anos 60 e início da década de 70 encaminhar-se para um vazio ideológico. Trajetória descrita por Silviano Santiago em *Vale quanto pesa*:

> A denúncia da ficção populista, qualquer que seja ela, ou cai nas mãos de quem está consciente da arbitrariedade e da injustiça e nada pode fazer, servindo o texto apenas para alimentar a sua já gulosa *mauvaise foi*, para usar a expressão sartreana, ou cai em mãos de um leitor mais ágil politicamente, que por sua vez já conhece os problemas e fatos dramatizados e tenta camuflada ou clandestinamente atuar, passando o livro a ser uma espécie de muleta para os seus anseios de justiça combatidos e combalidos. (59, p. 29)

Tiro certeiro o da estratégia autoritária nos primeiros anos de governo militar. Certeiro e silencioso: deixava-se a intelectualidade bradar denúncias e protestos, mas os seus possíveis espectadores tinham sido roubados pela televisão. Os protestos eram tolerados, desde que diante do espelho. Enquanto isso, uma população convertida em platéia consome o espetáculo em que se transformam o país e sua história. A utopia do "Brasil Grande" dos governos militares pós-64 é construída via televisão, via linguagem do espetáculo. Sem os *media* e sem público, a produção artística e ensaística de esquerda se via transformada assim numa espécie de Cassandra. Podia falar sim, mas ninguém a ouvia. A não ser outras idênticas cassandras.

Por isso talvez a crítica mais aguda ao autoritarismo nesses primeiros anos tenha sido a do movimento tropicalista, francamente hostilizado pelos militantes de esquerda à época, como lembrou certa vez Caetano Veloso numa entrevista ao *Leia Livros*: "Naquela época jogaram banana em minha cara, um pau que feriu o Gil. Era muito mais violento, os estudantes de esquerda eram muito mais repressivos do que são agora."

Ao vaiar ou até agredir fisicamente representantes do Tropicalismo, contra o que se insurgia a esquerda brasileira de então? Conscientemente, contra as guitarras, o uso de ritmos e palavras estrangeiras; a favor do "nacional". Inconscientemente, contra a linguagem do espetáculo, utilizada pelo governo e capaz de roubar espectadores de comícios e encenações de protesto. Fingindo ignorá-la, entretanto, a arte de protesto falava no vazio. Com o Tropicalismo, ao contrário, a crítica à indústria cultural e às imagens arcaizantes ou desenvolvimentistas do país se dá no espetáculo, vira espetáculo. Ao invés de apenas receber o mundo "numa pequena vitrine de plástico transparente", como chamaria a atenção Gilberto Gil na música "Vitrines", tratava-se de se apropriar da vitrine. Apropriação da qual participaria, primeiro envergonhada, depois com certa desenvoltura, nossa esquerda tão avessa à televisão à época. Basta lembrar os festivais de música popular e as participações de Geraldo Vandré ou Sérgio Ricardo ou, mais tarde, o trabalho teledramatúrgico de Oduvaldo Vianna Filho e Dias Gomes na TV Globo.

A política de supresssão – Repressivos ou não, a verdade é que no final da década de 60 os estudantes tinham conseguido uma organização mais sólida e maior força de pressão política. A ponto de em "A Revolução Estudantil", ensaio de 1968, Luiz Carlos Bresser Pereira finalizar o seu texto com a seguinte afirmação de fé no poder de rebelião dos estudantes:

> Os operários podem hoje ser considerados ex-revolucionários. Substituíram-nos nesta segunda metade do século XX os estudantes. Estes possuem objetivos revolucionários. Sua ideologia é de crítica radical à sociedade industrial moderna, superando nesse sentido a crítica marxista, que nega apenas um aspecto da sociedade industrial: o capitalismo. Embora num misto de anarquismo e marxismo, a ideologia da juventude na verdade vai além dos limites dessas posições na medida em que realiza a crítica do próprio racionalismo, do qual o marxismo é típico fruto. (*11*,p. 131)

Equívocos à parte, sobretudo no que se refere à estreita compreensão de marxismo aí enunciada, tal afirmação deixava bem clara a disposição de luta da camada estudantil, onde já começava a se disseminar a discussão em torno da luta armada. Disposição revelada igualmente nas palavras de ordem das assembléias estudantis e dos congressos da União Nacional dos Estudantes: "Eles podem fazer 1, 2, 3, 4 congressos de araque; podem botar 1, 2, 3, 4 governadores fantoches; podem criar 1, 2, 3, 4 exércitos de esbirros. Nós vamos derrubar 1, 2, 3, 4 congressos de araque; vamos derrubar 1, 2, 3, 4 etc."

Ao mesmo tempo, no terreno da política tradicional movimentava-se a Frente Ampla a favor do desenvolvimento econômico, da preservação da soberania nacional, do retorno do poder aos civis. Greves em Minas, Osasco, reivindicações dos bancários no Rio. Cresce o movimento estudantil. E, de súbito, a percepção de um erro de cálculo na estratégia cultural do governo militar. As cassandras de esquerda contribuíram para a formação, no interior da classe média, de uma faixa politicamente radical. Exemplar, nesse sentido, é a trajetória de um personagem como o Padre Nando do *Quarup* de Antônio Callado, publicado em 1967. E, em 1968, muda então a política governamental no campo da cultura. Mudança cujo marco inicial seria a apresentação do Ato Institucional nº 5 ao Conselho de Segurança Nacional em 13 de dezembro de 1968.

AI-5 em diante, assiste-se ao triunfo de outra política cultural que, com certas variações, se manteria até a divulgação da Política Nacional de Cultura em 1975, em pleno governo Geisel. E o que caracteriza esta segunda estratégia? Um comportamento bem mais repressivo do que nos primeiros anos do governo militar. Uma política de *supressão*: expurgos de professores e funcionários públicos, apreensões de livros, discos, revistas, proibições de filmes e peças, censura rígida, prisões. Eis como analisava em 1970 Roberto Schwarz a mudança tática:

> Se em 64 fora possível a direita 'preservar' a produção cultural, pois bastara liquidar o seu contato com a massa operária e camponesa, em 68, quando o estudante e o público dos melhores filmes, do melhor teatro, da melhor música e dos melhores livros já constitui massa politicamente perigosa, será necessário trocar ou censurar os professores, os encenadores, os escritores, os músicos, os livros, os editores – noutras palavras, será necessário liquidar a própria cultura viva do momento. (*61*, p. 63)

A partir de 68, trata-se de aprender a viver sob o império da censura, do arbítrio. Chico Alvim num poema curto, "Visita", sintetiza o cotidiano do período: "Não bateram na porta/Arrombaram". Arrombamentos às vezes literais, como a violação de correspondências e residências, as detenções, seqüestros pelas forças policiais, demissões por motivos ideológicos, perseguições; às vezes simbólicos e não menos eficientes, como a paranóia da censura ou da perseguição política, a ponto de muita gente ter sido reduzida a um tal estado de pânico e paralisia que se tornou literalmente impossibilitada de qualquer ação no campo da cultura. Estado que seria descrito noutro poema, breve como as informações sussurradas às pressas em meio ao aparato repressivo dos governos militares. Trata-se do "Colapso concreto", do poeta carioca Charles:

> vivo agora uma agonia:
> quando ando nas calçadas de copacabana
> penso sempre que vai cair um troço na minha cabeça.

O império do medo: assim se poderia descrever a situação do país durante os Governos Costa e Silva e Médici sobretudo. Poderíamos tomar inclusive como exemplar do que se passava com o país como um todo a história de Frei Tito de Alencar; desse frade dominicano preso em São Paulo em novembro de 1969, submetido a torturas prolongadas pelo delegado Fleury, então pertencente ao DOPS, e que, depois de exilado em Paris, continuaria sempre a sentir a presença do torturador ao seu lado. Presença forte a ponto de levá-lo a enforcar-se em 1974.

Destruindo a distância entre torturador e torturado, entre Fleury e ele, Tito viveria, mesmo depois de expatriado, em estado de tortura. Como relatou logo depois do seu suicídio um outro religioso, Xavier Plassat, a respeito do período em que viveu na França:

> Em setembro, no dia seguinte ao *putsch* militar chileno, Tito tornou-se ausente, impenetrável, caindo depois em um delírio amedrontador: ele ouvia permanentemente a voz do comissário Fleury, seu torcionário, que lhe ordena que se renda enfim e confesse, do contrário cada um dos membros de sua família será torturado. Tito ouve os gritos dos seus. Ele obedece à interdição de entrar no convento, que lhe é ditada por Fleury. Ele não se alimenta mais; geme sob o peso de uma culpabilidade intensa. (*51*, p. 359)

O que se passava em escala individual com o ex-preso que se sente habitado pelo carrasco ou a sensação de que "vai cair um troço na cabeça" existiam em âmbito nacional. Para cada um constrói-se habilmente um temível anjo da guarda. Há um agente do SNI em cada canto. "Não tenho nada comigo/só o medo", dizia o poeta Luiz Olavo Fontes.

Situação que receberia uma bela representação ficcional em "Duelo antes da noite", conto de João Gilberto Noll incluído em *O cego e a dançarina*. Nele se narra a caminhada de duas crianças, quase em silêncio, em direção a um Opala que levaria embora a menina. Quase ríspidos um com o outro, num terno duelo, a menina e o menino, sem nome ou qualquer outra identificação, sem que se saiba ao certo o motivo, andam apressados, não param para nada e, num clima de "nó no peito" e tensão, passam por diversos grupos de soldados e caminhões na estrada, fazendo supor a existência de um outro duelo, menos terno, mais temível, que se delineia aos poucos na narrativa. O leitor só sabe que a menina tem que ser entregue em determinado lugar às dez e meia da noite. Mais nada. A não ser a atmosfera de medo que percorre todo o conto. A não ser a repetição de idêntico cenário militar vislumbrado vez por outra na travessia. E um dos poucos elementos da paisagem que o texto se permite descrever e que detém a atenção das crianças. Como no momento em que, tremendo de frio, a menina passa a observar a inexplicável e assustadora proliferação de soldados, "matutando para onde iriam aqueles soldados, onde é que tinha guerra pois os soldados deveriam ir para alguma guerra, eles não falavam, não cantavam, carregavam um silêncio que deixava a menina aflita, pensando para onde é que eles iam assim em silêncio e sem olhar pros dois". Pois, mesmo não chegando a entrar literalmente em choque ou a estabelecer qualquer tipo de conexão com os militares, todos os trajetos pareciam ter como duplos indescartáveis outras trilhas, que mais lembravam cercas — numa verdadeira parada militar, silenciosa e imponente, que atravessa o texto de Noll.

Este sim é o período em que mais claramente se passa a sentir a presença de um censor ao lado da máquina de escrever. Uma espécie de Fleury das letras acompanha de perto a produção literária dos anos 70. "Em vez de dialogar com a realidade, nossa interlocutora predileta era a censura. Assim, a realidade foi se convertendo em miragem, e a censura foi perdendo o seu tradicional papel policial e burocrático para se converter em musa inspiradora", comentou Geraldo Carneiro em artigo publicado na "Revista de Domingo" do *Jornal do Brasil* em 7 de abril de 1985.

Censores nem sempre apenas simbólicos, como nas redações de jornal ou nos espetáculos teatrais. Situação descrita por Sebastião Velasco e Carlos Estevam Martins da seguinte maneira:

> Os delegados da censura instalaram-se nas redações de jornais, nas emissoras de rádio e televisão, nas casas de espetáculo. As forças policiais e os serviços secretos passaram a atuar de forma desabrida e totalmente

irresponsável, violando a privacidade dos lares, da correspondência e das comunicações, cerceando discricionariamente o exercício de todas as liberdades públicas. As detenções assumiram o caráter de seqüestros e se multiplicaram em ondas sucessivas. Todo cidadão, independentemente de classe, raça ou credo, tornara-se em princípio suspeito da prática de delitos contra a segurança nacional. (*39*, p. 37)

Comparemos este segundo momento da ditadura militar com o período que vai de 1964 a 1968. Do ponto de vista político-institucional, aumentaram os poderes autocráticos, aboliram-se, com o AI-5, as restrições constitucionais à ação do governo, militarizou-se o aparelho administrativo do Estado. E do ponto de vista cultural? Entre a estratégia expansionista, o fortalecimento da linguagem do espetáculo, a quase "liberalidade" do Governo Castelo Branco e a censura pós-68, uma significativa mudança de rumos. Muda-se de uma estratégia de *produção* de uma estética espetacular para uma política *repressiva*, de contenção dos rumos contestatórios tomados pela produção artística e teórica. Política cujo resultado mais imediato foi a redução ao silêncio ou o êxodo voluntário ou forçado de alguns dos mais importantes produtores culturais do país. Êxodo registrado num texto agudo e amargo de Roberto Schwarz, "Emigração 71":

A mulher de um marinheiro trucidado conta ao pai de uma menina presa, aguardando julgamento, a depressão nervosa de um amigo comum, deputado federal, que agora vive no Chile. Será que o Allende vai dar certo. . . As xicrinhas vão pela sala, de mão em mão, há uma bandeja de bolo e outra de doce de leite. Lá fora, imensa e silenciosa, a dança do outono incendeia a tarde fria. O garoto brincando no tapete já nasceu em Paris. Aqui e ali o murmúrio é interrompido por uma expressão mais nortista. Um menino loiro, que participou no rapto dalgum embaixador, pede açúcar para pôr no chá. Na vitrola Caetano canta a sua versão da 'Asa branca'. Todos ficam quietos. (*64*, p. 74)

No breve registro de Schwarz o silêncio, os murmúrios e a tensão dos que estavam obrigados a olhar *de fora* para o país. Para os que ficavam o difícil diálogo com cerceamentos e censuras. No entanto, mesmo dominante, nem sempre a presença da censura se fez sentir de maneira idêntica. Importante, no estabelecimento dessas diferenças, foi o artigo de Elio Gaspari publicado no *Jornal do*

Brasil de 18 de junho de 1978. Na sua opinião, a história da ação da censura sobre a imprensa brasileira poderia ser dividida em quatro períodos:

> O primeiro vai do dia 13 de dezembro de 1968, quando foi editado o AI-5, até o dia 4 de setembro de 1972, quando chegou a primeira ordem escrita às redações. Nesse período vigoraram tacitamente algumas restrições, sempre garantidas pela possibilidade de instalações, nas redações, de equipes de censores para a leitura prévia dos textos. O segundo vai até o dia 18 de junho de 1973, quando uma nota de 20 palavras liberou o noticiário da sucessão presidencial já encerrada com a escolha do General Ernesto Geisel. O terceiro período começa no dia 15 de março de 1974, quando é empossado o novo presidente, e vai até o dia 8 de outubro de 1975, quando as redações receberam uma nota proibindo notícias sobre manifestações estudantis. Ela viria a ser a última da série de 270. O período final vai até a tarde do dia 8 de junho deste ano (1978), quando o coronel Rubem Ludwig anunciou, em Brasília, que os censores haviam abandonado as três últimas redações e, com isso, desapareciam as restrições excepcionais à liberdade de imprensa.

Até nos meios de comunicação de massa, submetidos a controle bem mais severo do que veículos de menor alcance popular como o livro, houve variações de intensidade e rumo na estratégia de ação da censura. Como observa acertadamente Renato Ortiz em *Cultura brasileira e identidade nacional:*

> Durante o perído 64-80 a censura não se define tanto pelo veto a todo e qualquer produto cultural, mas age primeiro como repressão seletiva que impossibilita a emergência de determinados tipos de pensamento ou de obras artísticas. São censuradas as peças teatrais, os filmes, os livros, mas não o teatro, o cinema ou a indústria editorial. O ato repressor atinge a especificidade da obra mas não a generalidade da sua produção. (*45,* p. 89)

No que se refere aos livros, é interessante notar que foi sobretudo a partir de 1975 que as restrições se tornaram mais rigorosas. É possível apontar, ao menos, duas explicações para este súbito interesse da censura. Como assinalam em artigo de 1979 Marcos Augusto Gonçalves e Heloísa Buarque de Hollanda, data justamente de 1975 um certo *boom* editorial no país. Conquista de mercado, divulgação de novos autores, interesse pela produção nacional, lucros editoriais maiores: estas algumas características do *boom*. E ampliando-se o interesse pela literatura, amplia-se também a ação da censura.

Talvez, no entanto, a explicação não seja tão simples. E uma matéria publicada no jornal *Opinião* em 25 de julho de 1975, "O volume de cortes é sempre maior", aponta noutra direção. Percebia-se, então, uma mudança de tendência nos cortes, com mais livros censurados do que filmes. Dos mil trezentos e treze filmes submetidos à censura apenas dez foram vetados à época. Enquanto isso, quarenta e nove livros eram proibidos. Segundo o *Opinião*, os motivos para esta súbita preferência da censura pela literatura não estariam unicamente na ampliação do mercado editorial. A explicação seria outra:

> As razões dessa mudança são fáceis de serem percebidas. Os gastos na importação de um filme, mais suas legendas em português e a feitura de cópias para distribuição, pressupõem um investimento muito maior do que a tradução e a tiragem de um livro – ou a simples importação de edições portuguesas. E como a censura se preocupava mais com os filmes, as próprias companhias de cinema acabavam fazendo uma seleção prévia do que deveria ser importado ou não.

O artigo refere-se fundamentalmente a obras estrangeiras. Mesmo assim aponta na direção da autocensura mais rígida das indústrias de maior porte e cujos produtos têm alcance de massa. Neste caso, o livro, produto quase artesanal antes do recente desenvolvimento da indústria editorial no início dos anos 80, estaria regido por outra lógica de produção. E, graças ao interesse maior da censura pelos filmes para cinema e televisão, por seu alcance; ou pelos espetáculos teatrais, por seu contato direto com o público; foi possível à literatura utilizar-se de certa margem de liberdade. Preencher as lacunas de informação dos jornais e veículos de massa, aproveitar-se de seu próprio caráter artesanal e de um conhecimento prévio de seu público restrito: estas são algumas das preocupações da produção literária durante os anos 70. Estratégia que receberia uma resposta mais violenta da parte dos mecanismos de censura principalmente depois de 75, quando os *media* já exerciam uma autocensura forte a ponto de liberar a atenção dos censores em direção a outras áreas.

Entre o incentivo e o jejum – Nesse estranho jogo entre produção e supressão, firma-se, no entanto, nova postura do Estado frente à cultura. Desta vez não se trata simplesmente de reprimir seus opositores ou de tirar-lhes a maior parte do público. Estamos agora diante de uma terceira tática no campo da cultura. E as palavras de ordem passam a ser *cooptação* e *controle* sobre o processo cultural. Crise econômica desde 1973, derrota eleitoral em 1974, os escândalos das mortes de Vladimir Herzog em 1975 e de Manoel Fiel Filho em 1976 no DOI-CODI em São Paulo, perda de apoio de parte significativa do empresariado e da opinião pública em geral: no Governo Geisel assiste-se ao que se considerava um "despertar da sociedade civil". Tornam-se mais importantes, portanto, as alianças com figuras de oposição, com elementos capazes de mobilizar a opinião pública. E, estratégia mais ousada, assiste-se, no Governo Geisel, à tentativa de programar, estabelecer por meio de uma Política Nacional de Cultura os rumos da produção intelectual no país.

Quando foi divulgada, pois, em 1975, a Política Nacional de Cultura formulada por Ney Braga e pelo Conselho Federal de Cultura do MEC, a sensação provocada nos intelectuais brasileiros foi a de um súbito *revival*: da estratégia cultural do regime Vargas. O que anunciava o documento? Basicamente a posição central que o Estado autoritário se atribuía na vida cultural, na produção artística e científica do país. Centralização baseada em quê? Na necessidade de "revalidação do patrimônio histórico e científico brasileiro", com o intuito de "conservar os símbolos culturais de nossa história". Tal papel caberia ao Estado, guardião da "cultura nacional", da "tradição" e da "memória". Segundo afirma o documento:

> Cabe ao Estado estimular as concorrências qualitativas entre as fontes de produção. Mas para que haja qualidade é necessário precaver-se contra certos males, como o culto à novidade. Característica de país em desenvolvimento, devido à comunicação de massa e à imitação dos povos desenvolvidos, a qualidade é freqüentemente desvirtuada pela vontade de inovar; o que, por sua vez, também leva a um excesso de produção.

Não é isento o incentivo estatal à cultura. Mecenas interessado, o governo militar chama para si a função de julgar as novidades que interessam ou não, o que é excessivo, apontar os "males", estimular o que julga de "qualidade". "A presença do Estado se exerce ainda, e sobretudo, através da normatização da esfera cultural", afirma Renato Ortiz em *Cultura brasileira e identidade nacional*. Daí, a proliferação de leis, portarias e decretos que, a partir de 1964, "disciplinam e organizam os produtores, a produção e a distribuição dos bens culturais", desde a regulamentação da profissão de artista e de técnico à obrigatoriedade da exibição de curtas e longas-metragens nacionais.

Árbitro privilegiado das questões culturais que afirma prioritárias, "o Estado deixa tão-somente de reprimir e passa a fornecer programas para a intelectualidade, incentivos à produção, agências voltadas para a cultura", como observam Heloísa Buarque e Marcos Augusto Gonçalves em "Política e literatura: a ficção da realidade brasileira". Funarte, Embrafilme, Secretaria de Cultura, Inacen passam a abrigar então, inclusive como funcionários, opositores e até ex-perseguidos pelo regime militar. E, nos anos 70, fundações e órgãos estatais empregam e publicam amplamente. Ritmo que se tornaria bem menos intenso no início da década seguinte com o agravamento da situação econômica e a diminuição proporcional das verbas destinadas ao setor cultural.

A terceira política cultural é mesmo meio à imagem e semelhança do que ocorreu no Estado Novo, cuja estratégia de centralização cultural e sedução dos intelectuais foi estudada por Sérgio Miceli em *Intelectuais e classe dirigente no Brasil (1920-1945).* Explica ele aí:

> Durante o regime Vargas, as proporções consideráveis a que chegou a cooptação dos intelectuais facultou-lhes o acesso aos postos e carreiras burocráticos em praticamente todas as áreas do serviço público (educação, cultura, justiça, serviços de segurança, etc.). Mas no que diz respeito às relações entre os intelectuais e o Estado, o regime Vargas se diferencia sobretudo porque define e constitui o domínio da cultura como um 'negócio oficial', implicando um orçamento próprio, a criação de uma *intelligentzia* e a intervenção em todos os setores de produção, difusão e conservação do trabalho intelectual e artístico. (*40*, p. 131.)

Os autoritarismos parecem adorar o papel de pais. Severos, mas capazes de premiar os bons filhos e até de perdoar alguns pródigos. Como aconteceu com um intelectual da qualidade de um Graciliano Ramos inclusive, convidado a colaborar nas revistas *Atlântico* e *Cultura Política* do Departamento de Imprensa e Propaganda (DIP) a partir de abril de 1941. Trabalho que se vê forçado a aceitar, com triste constrangimento, por motivo de sobrevivência. E que lhe é oferecido com gentileza pelos mesmos que podem prendê-lo a qualquer momento. Oscilação que percebe com nitidez desde a primeira vez que visita o Ministério da Educação em busca de emprego depois de ser posto em liberdade e que descreveria para sua mulher Heloísa em carta de 28 de fevereiro de 1937:

> Vi lá, num corredor, o nariz e o beiço caído de S. Excia. o Sr. Gustavo Capanema. Zé Lins acha excelente a nossa desorganização, que faz que um sujeito esteja na Colônia (de presos) hoje e fale com ministros amanhã; eu acho ruim a mencionada desorganização que pode mandar para a Colônia o sujeito que falou com o ministro.

Lucidez incômoda e nem sempre tolerável num intelectual-funcionário público. Mas tendo em vista que empresas e universidades particulares muitas vezes são ainda mais ciosas do que órgãos públicos na exigência de certo perfil burocrático-ideológico e de uma espécie de "atestado de mediania" de seus empregados e que a relação direta com o mercado, a profissionalização do trabalho intelectual, ainda é restrita a poucos, ficar sob as ordens do "papai-Estado" foi uma saída de emergência, para pródigos ou bem-comportados, sobretudo desde o Governo Geisel. No caso dos pródigos, entretanto, seu comportamento passa a se pautar numa estranha esquizofrenia: no trabalho veste-se, com maior ou menor ironia, o discurso estatal; fora dele, uma produção de menor alcance e mais crítica. Produção outra que se torna por vezes tão elitista ou escassa que só restam mesmo os textos no tom nacional-autoritário exigido pelo Estado. Divisão exibida maliciosamente pelo crítico Silviano Santiago em texto de 1981:

> O Estado tem sido a grande vaca leiteira dos melhores (e dos piores – mas este é outro problema) artistas brasileiros. Todos aqueles, de uma forma ou de outra, viveram a 'esquizofrenia' de conciliar uma obra crítica e combativa ('subversiva' na linguagem da segurança nacional) com o cheque no fim do mês na repartição. Pensativos e ambivalentes, escreviam poemas e piscavam para as delícias da casa própria, das férias-prêmio e da aposentadoria. (*59*, p. 82.)

Em meio a tudo isso o pânico do desemprego, da impossível circulação do que se produz, de perder subitamente as condições de produção que, de modo problemático, o emprego estatal ao menos fornece. Situação difícil já que, como assinalava Octavio Ianni em 1978, em "O Estado e a organização da cultura": "A televisão, o rádio, o jornal, a revista, a editora, a escola, o teatro, o cinema, a música, todas as esferas da criação e debates culturais acham-se sob controle ou influência do poder estatal; por estímulo, tolerância ou censura." (*29*, p. 230)

Aos intelectuais, de acordo com "as gradações da tolerância do poder estatal", cabiam empregos, financiamentos, bolsas de estudo, publicações. E, quando por algum motivo se tornavam intoleráveis, arma poderosíssima: o desemprego, a impossível circulação de seu trabalho artístico ou teórico. Para os benquistos, as bênçãos do pai-Estado; para os outros "Jejum", como no triste poema-piada de Chico Alvim:

Cuspiu no prato em que comia
Tiraram o prato.

Entre a bênção e a perda do prato: nesta balança quem serve de fiel é a cooptação, bem mais do que as estratégias repressivas. Nesta balança equilibrou-se a vida intelectual brasileira mais nitidamente a partir do último ano do Governo Médici. E, de modo mais sistemático, a partir da divulgação da Política Nacional de Cultura e do aumento de poder da Secretaria de Cultura do MEC, embrião do Ministério da Cultura, criado em março de 1985, coroamento dessa estratégia de controle estatal sobre a produção cultural esboçada sobretudo nos dois últimos governos militares.

E é pensando nesta diversidade de estratégias do Estado autoritário no campo da cultura – às vezes utilizadas ao mesmo tempo, às vezes com a nítida predominância de alguma – que fica difícil explicar os rumos da literatura brasileira pós-64 apenas em função da censura. A estratégia repressiva não é a única. Outra política é, por exemplo, a de incentivo, via concursos, prêmios ou co-edições, à produção literária. E neste caso não se trata de *retirar* textos do mercado, mas até de facilitar sua edição e circulação. Porque, como bem observou Gabriel Cohn em palestra proferida durante o seminário "Estado e cultura no Brasil. Anos 70", realizado em São Paulo no segundo semestre de 1982, censura e intervenção seriam apenas "a face mais visível" de uma ação que visava "mais fundo" e que talvez ainda não se tenha interrompido de fato: a busca da codificação do controle estatal sobre os rumos do processo cultural. A questão passando a ser: produzir (em determinado sentido) e não simplesmente suprimir.

Os delegados Fleury das letras – Não se trata, no entanto, de ignorar a importância da censura ou do aparato repressivo que, mesmo quando não era acionado, sabia-se que estava a postos para qualquer eventualidade. Como, por exemplo, retirar de circulação, algum tempo depois de lançado, um livro como o *Feliz Ano Novo*, de Rubem Fonseca, em dezembro de 1976, ou, não se limitando apenas a proibir a obra, prender seu autor como se fez com Renato Tapajós durante um mês em 1977, depois de apreendido o romance *Em câmara lenta*. Ou, ainda, como a proibição pura e simples de livros como *Zero*, de Ignácio de Loyola Brandão, lançado no Brasil em 1975, depois de uma edição italiana pela Feltrinelli, e retirado de circulação no ano seguinte, ou como *A rebelião dos mortos*, de Luiz Fernando Emediato, premiado em 1977 e proibido em 1978.

Além desse recurso mais explícito à proibição de obras já editadas, contava-se ainda, desde 26 de janeiro de 1970, com a possibilidade da censura prévia, cujo campo de ação seria ampliado em 1977, abarcando livros importados também. E, recursos mais cruentos, não foram poucos os confiscos de livros em livrarias, editoras e bibliotecas ou as sabidas invasões às casas de alguns intelectuais em franca oposição ao regime militar. A explosão de uma bomba na Livraria Civilização Brasileira em 1968 não chega a ser igualmente ocorrência tão excepcional. E não destoa muito da política adotada oficialmente pelos governos militares com relação ao editor Ênio Silveira, preso e processado diversas vezes, e à Editora Civilização, à qual os bancos, durante o Governo Costa e Silva, eram pressionados a negar crédito sistematicamente, tentando forçar a empresa a declarar falência. E, como relata o pesquisador inglês Laurence Hallewell no seu *O livro no Brasil (sua história)*, "o efeito dessa medida é perceptível na produção da editora que, de 56 edições em 1964, subira para 80 em 1968, mas caíra para 67 em 1969 e apenas 46 em 1970". (*25*, p. 489) Recurso menos evidente do que a censura política, a censura econômica, menos visível, tem poderes igualmente amplos. E efeito garantido. Como se vê, os delegados Fleury das letras também estavam sempre em guarda.

O problema é que, no terreno da produção intelectual, Fleury nem sempre se apresenta como delegado. Às vezes representa o papel de pai cuidadoso. E substitui choques elétricos, paus-de-arara e prisões por apertos de mão e tapinhas nas costas, empregos em instituições estatais e auxílios financeiros. Com estas outras vestes nem sempre se reconhece logo o interlocutor. É fácil reconhecer a censura como antagonista e até como co-autora de desvios estilísticos, linguagem alegórica, textos cifrados. Por outro lado, no incentivo à produção, e sobretudo àquelas obras que *retratem* o país, não é comum perceber outro adversário, com contornos ora de mecenas, ora de pai, mas tão ou mais poderoso que a censura. Tão poderoso que faz vista grossa inclusive para a divulgação de textos que se consideram "de denúncia" como os de um José Louzeiro ou de João Antônio, porque neles, como na maior parte da literatura-verdade do período, percebem colaboradores bastante eficientes. Isto porque servem ao mesmo senhor: ao interesse de *representar* literariamente *um* Brasil. *E até o negativo da foto interessa à Política Nacional de Cultura. Em positivo ou negativo, o texto-retrato tende a ocultar fraturas e divisões, a construir identidades e reforçar nacionalismos pouco críticos.*

Quando, ao falar das relações entre literatura e política nos anos seguintes ao golpe de 64 se enfatiza unicamente a questão da censura, oculta-se, deste modo, o importante papel desempenhado pela política de incentivo, cooptação e produção (a outra face da repressão) na determinação dos rumos da vida cultural brasileira. Seus efeitos, menos evidentes, não são de pouca monta. Apontá-los, sim, causa problemas. Porque nos obriga a reavaliar o rendimento estético-ideológico de muitos dos textos tidos como "críticos" ou "de denúncia" à época. Porque nos obriga a *perceber a diferença entre os "cacoetes literários antiautoritários" e os textos que incorporam a tensão política à sua própria linguagem, ao invés de apenas descrevê-la de modo mágico ou naturalista.*

Pensando apenas em termos de censura, tendemos a encarar os intelectuais e a criação artística durante os governos militares como uma coisa só. Como um grupo, um todo coeso que vai de encontro a idênticas barreiras. Quando se pensa, entretanto, na cooptação ou na influência velada de uma ideologia estética semelhante à governamental (a obsessão por um retrato da nacionalidade), começam a aparecer diferenças e discordâncias no quadro em questão. Tanto de linguagem quanto comportamentais. Tanto nos textos quanto na vida literária brasileira.

Diferenças estas que ficam mais evidentes desde que se substitui o "inimigo comum" (a censura, a repressão) por um "talvez amigo" (o auxílio estatal). À medida que se amplia um pouco o campo de ação dos intelectuais e passa a haver certo poder em jogo, tornam-se agora inimigos os que até então eram vistos como "iguais". Travam-se duelos e ficam evidentes as divisões no interior do grupo de produtores culturais do país. Neste sentido, seria interessante perceber quais os fundamentos, o que caracteriza a polêmica enquanto mecanismo de discussão crítica e o que se encontra efetivamente em disputa em alguns dos duelos de maior repercussão no Brasil das duas últimas décadas.

Assaltos à razão?

A querela nacionalista – O primeiro grande pomo de discórdia entre a classe artística brasileira no início da ditadura militar foi o "nacionalismo". Em discussão, o movimento tropicalista e seu aproveitamento do *rock*, da cultura de massa, da guitarra elétrica, acompanhado de uma recusa dos projetos e utopias de poder da esquerda tradicional brasileira. Seus opositores, segundo o próprio Caetano Veloso: "os estudantes de esquerda" e os "pais de família". Um conservadorismo estético e comportamental, portanto, bifronte: ora de esquerda, ora de direita. E, com relação a esta querela nacionalista e às críticas contra a guitarra, a linguagem do espetáculo, a estratégia *pop* da tropicália, contra Caetano cantando em inglês, é interessante lembrar o comentário de Roberto Schwarz em *Ao vencedor as batatas*:

> Acusado pelos 'nacionalistas' responde que não foi ele quem trouxe os americanos ao Brasil. Sempre quis cantar nesta língua, que ouvia no rádio desde pequeno. E é claro que cantando em inglês com pronúncia nordestina registra um momento substancial de nossa história e imaginação. (*62*, p. 56.)

A apropriação de materiais estrangeiros por parte do grupo tropicalista, criticada à época, não indicava apenas uma tentativa de sintonia com relação à vanguarda artística européia ou norte-americana. Pelo contrário, nesta justaposição de elementos "autóctones" e "importados" quebram-se as suas delimitações rígidas, discute-se a idéia de nacional, enunciam-se as contradições do desenvolvimento brasileiro e de uma esquerda que se aliara à burguesia (nacional), mas não podia ouvir o som de guitarras (estrangeiras).

Por um lado, esta primeira polêmica coloca em questão o pensamento estético da esquerda brasileira nos anos 60. Revela, também, as fraturas ideológicas e estéticas no grupo de produtores culturais em atividade no período. Divisões que seriam atenuadas abruptamente depois do AI-5, quando o próprio governo autoritário se encarrega de tratar todos os que a ele se opõem de modo idêntico: repressão violenta que põe fim à querela e dá origem a um período em que a grande questão passa a ser mesmo a censura, assunto que une por algum tempo artistas e intelectuais e coloca em segundo plano suas diferenças.

Um tiro no Estruturalismo – Já no Governo Geisel, outra polêmica. Desta vez, inesperado pomo de discórdia: a influência crescente do pensamento estruturalista nas ciências sociais e no ensaísmo literário brasileiro dos anos 70. De certa maneira, estará em pauta mais uma vez o velho mote nacionalista. Importado, como o "iê-iê-iê", o Estruturalismo, por si, já seria de molde a provocar desconfianças. E, pior: quem sabe ele não é um agente do SNI? Ao menos isto era o que parecia pensar, dentre outros, o crítico marxista Carlos Nelson Coutinho. Vejamos parte de sua argumentação, exposta em "Há alguma teoria com medo da prática?", artigo publicado no jornal *Opinião* em 28 de novembro de 1975:

> No quadro de um contexto político-social bastante concreto, marcado por aquilo que um pouco impropriamente se chamou de 'vazio cultural', uma corrente específica da teoria literária (e não apenas literária) tomou de assalto a universidade brasileira, bem como os meios disponíveis para a divulgação da chamada alta cultura. Veja-se bem: ninguém está dizendo que essa corrente é responsável pelo contexto político-social aludido, nem muito menos que, direta ou indiretamente, estivesse solidária com as suas conhecidas conseqüências. Mas o fato é que tal corrente, precisamente por se basear num discutível conceito de 'ciência' e de 'teoria', que tem como meta a formalização radical e a completa negação dos elementos ideológicos contidos nas objetivações estéticas, passou a defender – em concordância com o 'espírito da época' – uma crítica literária 'neutra', inteiramente alheia às questões mais candentes e explosivas colocadas pelo fenômeno literário enquanto tal e por seu relacionamento com a vida social dos homens.

No trecho destacado, Carlos Nelson Coutinho tenta, de início, relativizar as acusações contra o Estruturalismo como se fora ele o responsável pela péssima qualidade de nosso ensino universitário, pela tendência de nosso meio intelectual a transformar tudo em moda, pela dificuldade da crítica brasileira em dar conta de seu objeto. Doura a pílula, mas para logo em seguida reiterar a separação entre teoria e prática, entre pensamento teórico e engajamento político. Como se "teorizar", num país tão pouco afeito a isso, já não fosse um gesto político. Como se explicitar o próprio embasamento teórico, num período marcado por assaltos mais ou menos violentos à razão, não constituísse atitude já bastante crítica.

Confunde-se Lévi-Strauss com Génette e Bremond, o Estruturalismo antropológico com o lingüístico, qualquer estudo teórico com formalismo. Confusão que, além das críticas, impulsiona uma verdadeira "moda estruturalista" nos meios acadêmicos mais medíocres sobretudo do Rio de Janeiro. E, nos anos 70, surge uma profusão de trabalhos de qualidade discutível e autodefinidos como "análise estrutural de...", cheios de gráficos, quadros de "actantes", linguagem pseudocientífica, repetições do que se lera no último número da revista *Poétique;* e, na verdade, preocupação teórica quase nula e descaso pelos seus eventuais objetos de análise. O importante era seguir a voga generalizada, usar o pensamento estrutural como um método e nada mais. Era estar atento ao vocabulário acadêmico e às correntes mais recentes, acompanhando o ritmo frenético e descartável das flutuações da moda universitária.

Crítica e mediania – Nesse sentido um dos textos mais cruéis e, ao mesmo tempo, um tiro certeiro na retórica sem fundo de grande parte da crítica universitária de fins dos anos 60 e da década de 70 foi "19 Princípios para a Crítica Literária", síntese caricatural empreendida por Roberto Schwarz dos cacoetes mais comuns nos ensaios do período. Desde "Citar em alemão os livros lidos em francês, em francês os espanhóis, e nos dois casos fora de contexto" à necessidade de "Citar muito e nunca a propósito. Uma bibliografia extensa é capital. Apóie a sua tese na autoridade dos especialistas, de preferência incompatíveis entre si" ou de dizer que "O marxismo é um reducionismo, e está superado pelo estruturalismo, pela fenomenologia, pela estilística, pela nova crítica americana, pelo formalismo russo, pela crítica estética, pela lingüística e pela filosofia das formas simbólicas". Os conselhos de Schwarz funcionam como chistes e nem chegam a somar exatamente 19 como se anunciava no título, outra ironia com seu "leitor hipócrita" e pouco inocente, pois, para perceber a comicidade dos dogmas críticos por ele arrolados, deveria necessariamente estar familiarizado com os métodos de análise literária em questão.

Em parte engraçados, em parte melancólicos ("Publique longos resumos de livros sem importância, convença o editor a traduzi-los e o leitor a lê-los. Há quase 700 mil universitários no país."), os pequenos fragmentos satíricos de Schwarz expunham, com impiedosa lente de aumento, o perfil de um tipo de profissional que domina de modo cada vez mais nítido os quadros docentes das universidades brasileiras, obedecendo a um processo que Maurício Tragtenberg nomeou acertadamente de "delinqüência acadêmica". Trata-se do mestre mediano e dono de um discurso minimamente "competente", em nada ameaçador às instituições universitárias ou aos ouvidos pequeno-burgueses de alunos e epígonos, e preocupado unicamente em parafrasear e aplicar, como uma espécie de receita de bolo, qualquer novo "método" que entre em moda. Sem maior interesse pela pesquisa ou qualquer projeto estético ou ideológico definido, sua única preocupação é manter o próprio posto e conquistar, com a estratégia da mediania tão bem descrita por Machado de Assis em "A teoria do medalhão", bolsas para estudos inócuos, co-edições e melhorias administrativas. Pouco importando se na parca produção crítica que às vezes exibe houver apenas a aplicação mecânica de termos e métodos absolutamente fora de contexto.

Em depoimento a Heloísa Buarque e Marcos Augusto Gonçalves, Luiz Costa Lima endossava, em 1979, essa visão pessimista do esforço crítico realizado no período:

> Na década de 70 consolidou-se o vazio da crítica que fora desempenhada pelos suplementos de jornal. A produção universitária, que poderia tê-la substituído, pelas deficiências de nossas instituições universitárias, junto com a degola promovida pelo Estado e o clima de terror estabelecido, não chegou a cumprir este papel. (*27*, p. 36.)

Na sua opinião, dignos de destaque eram fundamentalmente o trabalho teórico de José Guilherme Merquior, que publicara em 1974 o importante *Formalismo & tradição moderna* – e a cujo nome se poderia acrescentar o do próprio Costa Lima, cujos *Mimesis e modernidade* (1980) e *O controle do imaginário* (1984) são igualmente de importância cabal na tentativa de se fortalecer uma tradição teórica no país –, além da vertente de crítica sociológica, desenvolvida sobretudo em São Paulo, em torno da USP e de Antônio Cândido. Dizia Luiz Costa Lima em fins dos anos 70:

> Se é verdade que a produção universitária não desempenhou o papel idealmente esperável, em troca permitiu o aparecimento de nomes que, em conjunto, deram um vigor analítico que antes desconhecíamos. Não é por acaso que a grande maioria desses nomes esteja vinculada à USP – Schwarz, Lafetá, Davi Arrigucci, Walnice Galvão, João Alexandre Barbosa e outros. Seus livros permitirão pensar-se numa melhoria de padrão analítico se derem lugar a algum tipo de continuidade. (*27*, p. 36)

No Rio de Janeiro, ao contrário, o principal objeto de estudo era a própria linguagem literária, observada segundo métodos de análise imanente, tomados de empréstimo sobretudo aos estudos lingüísticos. Menos severo do que Schwarz e Costa Lima, Silviano Santiago, em entrevista também concedida em 1979, atenuava um pouco o perfil "formalista" atribuído então à crítica universitária carioca:

> Diria que no Rio de Janeiro se instala com grande sucesso uma revisão da crítica literária colocando-se o problema de maneira radical a partir da 'matéria' que constitui o próprio objeto de estudo: *a linguagem*. Deixando que as discussões fossem geradas a partir deste núcleo, houve necessidade de um excessivo interesse (inicial, hoje já equilibrado) pelos estudos lingüísticos. (*27*, p. 42.)

Voltando, no entanto, à questão do Estruturalismo, o alvo da polêmica travada em meados do decênio de 70 não foi nem o desenvolvimento mais sistemático da crítica universitária, nem a mania de aplicar métodos de análise literária de maneira indiscriminada, nem tampouco a má qualidade de grande parte dos trabalhos realizados então no meio acadêmico. Transformou-se simplesmente o Estruturalismo numa espécie de arquiinimigo, de adversário do pensamento engajado, de um lado; da leitura prazerosa, de outro; da prática e da própria literatura, enfim.

A teoria, arquiinimiga – No segundo semestre de 1975, a polêmica atingiu um ponto crítico. Bombardeios de todos os lados. No *Jornal do Brasil*, artigo de Emanuel de Moraes: "A crítica sob o império do Estruturalismo"; na revista *Visão*, Antônio Houaiss; no *Jornal do Brasil*, ainda, o poema "Exorcismo" de Carlos Drummond de Andrade, contra todas as correntes teóricas que o poeta consegue nomear; no *Jornal de Letras*, Assis Brasil; artigos de Carlos Nélson Coutinho, Antônio Carlos de Brito (Cacaso) e Ana Cristina Cesar no *Opinião*; em *O Globo*, Ledo Ivo e o fúnebre "A morte da literatura brasileira". Na sua maioria os textos se apresentam como da autoria de anjos da guarda, vigias da literatura, defensores de uma crítica sem imperialismos metodológicos, do ensino voltado mais para a criação literária do que para o estudo teórico, e do prazer da leitura antes de tudo.

As acusações seriam sintetizadas num artigo-resposta de Luiz Costa Lima publicado na revista *Vozes* e no jornal *Opinião* em novembro de 1975. Eis o que se lê em "Quem tem medo da teoria?":

> Em suma, a teoria(...) instaura o tecnocratismo nas letras, substituindo a emoção criadora por equações abstratas e vazias; mata o prazer do texto em nome de monemas e arquissemas; introduz a ditadura do sentido sobre a pluralidade significativa. Incapaz de construir, o teórico atualiza o que o crítico já trazia em potência: a raiva demolidora do texto alheio. (...) Gritemos pois um basta antes que seja tarde. (*36*, p. 195.)

Costa Lima glosava neste breve ensaio os argumentos mais freqüentes dos furiosos "amigos das letras" e "inimigos da teoria". Mas para logo em seguida rebatê-los, dando continuidade a uma polêmica que ainda se prolongaria por algum tempo nos jornais, em debates universitários, salas de aula e mesas de bar. Destaquemos um dos contra-argumentos desenvolvidos por Costa Lima:

> Sem dúvida, a teoria da literatura, em seu ramo mais conseqüente, estimula e exige a formalização – não a confundamos com formalismo ou mera descrição 'neutra' – como toda e qualquer outra forma de conhecimento não impressionista. Se a aprendizagem formalizante matasse necessariamente a emoção e a capacidade intuitiva, seria o ouvinte de música e nunca o seu executante aquele que de fato a sentiria. A formalização é um meio de que lançamos mão para conhecer realidades doutro modo não captáveis. Por outro lado, se ela fosse contra a intuição, nunca teria sequer se iniciado. Ou pensaremos que não existe criação em ciência? Ou que a criação científica não tem a ver com a intuição? A formalização não é contra a intuição, mas sim um meio de testá-la ou mesmo alimentá-la. É correto entretanto que a formalização se opõe à aventura das personalidades. Ela exige a aventura porque supõe um ris-

co, exige uma personalidade que seja seu agente, ao mesmo tempo, porém, esquece o risco que envolveu a pessoa que a realizou. Formalizamos para conhecer e não para ficarmos conhecidos. (*36*, p. 197.)

A ênfase de Luiz Costa Lima na oposição entre "formalização" e "aventura das personalidades" parece apontar não apenas para o assunto em debate (o Estruturalismo), mas para o cerne mesmo destas polêmicas literárias: o duelo de personalidades que tentam assim provar competência, sobressair entre seus "iguais" e conquistar uma fatia maior de poder no meio intelectual. Daí, a resistência a um pensamento mais interessado nos objetos que estuda do que em ressaltar subjetividades, preocupado em exibir seus pressupostos ao invés de escondê-los para melhor garantir a "magia" de suas conclusões.

A reação à formalização e à teoria estaria ligada, pois, segundo Costa Lima, ao medo de perder o próprio poder, de ver ameaçada uma "autoridade intelectual" pouco acostumada a discussões que não se transformem em duelos, à argumentação que não seja apenas retórica e a encarar o texto como algo diferente de um espelho onde se projetaria a imagem ampliada do próprio crítico. Neste caso as críticas ao Estruturalismo seriam um pretexto apenas. Pretexto para o combate à reflexão teórica e a um exercício menos autoritário da crítica.

Patrulhas e cristais – A outra grande polêmica, já no período da política de distensão, envolveu um número bem maior de participantes e um assunto não tão restrito ao meio acadêmico como no caso da querela estruturalista. Trata-se do debate em torno das "patrulhas ideológicas". Debate cujo ponto de partida foi uma entrevista do cineasta Cacá Diegues, publicada simultaneamente no *Estado de São Paulo* e no *Jornal do Brasil* em setembro de 1978. Nela, dentre outras coisas, Carlos Diegues procurava minimizar o papel da censura como responsável pelo que se considerava então o "vazio cultural brasileiro":

> A censura é terrível, mas eu não usei nem vou usar a censura como pretexto para uma falta de obra, para uma falta de trabalho. Eu não confundo o vazio cultural com o vadio cultural, que são duas coisas completamente diferentes. Graciliano Ramos, em *Memórias do cárcere*, dizia que, no pequeno espaço que a censura permite às pessoas se mexe-

rem, a gente constrói alguma coisa. E então me lembro de Eisenstein trabalhando sob o stalinismo, dos grandes diretores americanos trabalhando debaixo da ditadura dos estúdios, de Fritz Lang trabalhando sob Hitler, Rosselini sob Mussolini, Carlos Saura sob o franquismo. Os exemplos estão aí.

A entrevista mantém todo o tempo um tom polêmico. E os dardos de Cacá são lançados em diferentes direções. Aí, como se vê, ele procura discutir a idéia de que o aparato repressivo seria o responsável direto pela produção cultural insatisfatória dos anos 70. Citando exemplos de artistas que também trabalharam sob regimes ditatoriais, inclusive o de Graciliano Ramos, Cacá parece sugerir que a falta de criatividade nas respostas à censura ainda é mais problemática do que a própria repressão. E, num jogo com a semelhança sonora entre as palavras "vazio" e "vadio", coloca subitamente em primeiro plano o próprio meio intelectual brasileiro, e não a censura como era habitual, ao falar "nessa tragédia cultural que foram certos anos, digamos de 68 a setenta e poucos".

É, no entanto, ao destacar outra polícia ideológica, na sua opinião complementar à da Censura Federal, que a entrevista de Cacá Diegues funciona como uma bomba. E a ela responderiam, ora concordando, ora em franca polêmica. intelectuais das mais diversas áreas nestes últimos anos da década de 70. A repercussão é tão rápida e de tal ordem que a impressão que se tem é de que só faltava mesmo o primeiro tiro para se deflagrar a guerra. E qual foi o primeiro tiro? O trecho do depoimento do cineasta em que ele define o que se tornaria palavra de ordem nos debates estético-ideológicos travados durante todo o ano de 1979 ainda: a idéia de "patrulhas ideológicas". Assim as definia, então, Carlos Diegues:

> Um negócio que eu também acho muito grave é essa espécie de patrulha ideológica que existe no Brasil. Uma espécie de polícia ideológica que fica te vigiando nas estradas da criação, para ver se você passou da velocidade permitida. São patrulheiros que ficam policiando permanentemente a criação, a criatividade, tentando limitar ou dirigir para essa ou aquela tendência.

Este trecho da entrevista seria repetido em diversos jornais e revistas, debates e discussões mais ou menos acaloradas. E o ano de 1979 se iniciaria, no campo da cultura, sob o signo das "Patrulhas Ideológicas". Publicações de âmbito nacional ou regional, conservadoras ou mais críticas, dariam seguimento à polêmica com depoimentos de Caetano Veloso, Glauber Rocha, Gilberto Gil, Joaquim Pedro de Andrade, Gilberto Freire e muitos outros intelectuais de diversas áreas. Como observam Heloísa Buarque de Hollanda e Carlos Alberto Pereira em *Patrulhas ideológicas. Marca reg.*:

> Significativamente, na hora em que o Estado começa a trabalhar uma série de remanejamentos que se anunciam sob a forma da 'distensão lenta, gradual e segura', os intelectuais ensaiam romper a frente tática que havia promovido, durante bom tempo, um certo consenso de oposição. (*28*, p. 8.)

A ruptura de uma possível "frente ampla" de intelectuais já se delineara, como se procurou mostrar, noutros momentos, noutras polêmicas. No final da década de 60, a oposição às apropriações artísticas do tropicalismo punha em choque diferentes modos de reagir culturalmente a uma ditadura que não se julgara duradoura. E entre o protesto direto, explícito, e a crítica alegórica e espetacular do movimento tropicalista, um choque estético que anteciparia as divisões já emergentes na esquerda brasileira. Em 1975, a polêmica sobre o Estruturalismo, a oposição entre "teóricos" de um lado e "engajados" de outro, revelava uma disputa de âmbito restrito, ainda mais pela reduzida faixa de poder disponível para os produtores culturais. Já nos últimos anos da década de 70 aumentara o espaço para a atuação dos intelectuais e ampliaram-se suas áreas de contato com o público ou com o Estado. Há mais a disputar, pois. E mais gente interessada em polemizar ou, como observava Luiz Costa Lima em 1975, em "ressaltar a própria personalidade" via polêmica. Quando nada, é possível conseguir assim maiores financiamentos da Embrafilme, garantir patrocínios do Instituto Nacional do Livro ou vender mais discos. Trata-se de polêmica bem mais vantajosa. Mais exposta também. Não se hesita em, dedo duro em riste, apontar este ou aquele intelectual como comunista ou patrulheiro, sem pensar duas vezes nas possíveis conseqüências de tal acusação num país ainda sob regime militar.

É para essas conseqüências que procurou chamar a atenção o humorista Henfil na página semanal que mantinha então na revista *Isto é* ao inventar um outro termo – a patrulha Odara – para designar os que reclamavam de policiamento ideológico por parte dos intelectuais de esquerda. O nome "Odara" é uma referência ao título de canção bastante conhecida de Caetano Veloso que se iniciava com um convite à dança: "Deixa eu dançar/que é pro mundo ficar odara". E, além de forjar o termo, Henfil se encarregaria de um contra-ataque bastante vigoroso aos "patrulhados", àqueles que reclamavam enfaticamente da esquerda brasileira, mas aceitavam com poucos queixumes os empregos e financiamentos da Embrafilme e os ditames das gravadoras multinacionais.

Sobre este confronto afirmavam Heloísa Buarque e Carlos Alberto Pereira: "o perfil da discussão gerada por essas novas incursões lembra, de certa forma, outros tempos quando o projeto tropicalista de 67 se confrontava com as propostas da arte popular revolucionária" (*28*, p. 9). Se perceptíveis, entretanto, certas semelhanças, não é possível ignorar o que separa historicamente as duas polêmicas.

O jornalista Sérgio Augusto em "Os bobos da corte estão levitando", artigo publicado em junho de 1979, teve uma lúcida intervenção no debate, procurando justamente "situar" a polêmica em torno da patrulhagem:

> O essencial na capciosa polêmica das patrulhas não é bem saber quem é quem, e sim de que lado estão as forças dominantes, se dos patrulheiros ou dos patrulhados. Pois são elas, em suma, que decidem a questão. (*8*, p. 240-1.)

O próprio Sérgio Augusto se encarregava de responder à indagação:

> Repassado todo o elenco de 'vítimas' não há como resistir à tentação de achar que uma das profissões mais interessantes e promissoras do momento é ser um patrulhado pelas esquerdas. Haja vista a situação de cada um dos citados. Embora não se possa afiançar que Glauber Rocha vivia num mar de rosas, nenhum patrulhado está na rua da amargura, desempregado, vários inclusive mamam nas apojadas tetas do governo (Conselho Federal de Cultura, Mobral, etc.) e todos, na pior das hipóteses, se beneficiam das mordomias do martirológio. (*8*, p. 236.)

Pedradas nas esquerdas, aplausos oficiais: este o binômio que parece assegurar, em parte, a boa situação financeira dos patrulhados. Aplausos sobretudo do SNI que recebe inesperado auxílio da classe artística pela imprensa diária. Não é nem necessário utilizar meios mais violentos de colaboração. As denúncias se fazem por vontade própria, numa autodefesa que mal ocultava um macartismo convertido em súbita moda. Moda que Sérgio Augusto no artigo mencionado explica da seguinte maneira:

> O que deu para ver é deplorável: uma notável leva de liberais, por temer a abertura, deslocou-se do centro para a direita. Como de hábito, vale frisar. Foi assim em Weimar, foi assim em 1964. Uma das forças dominantes tem que fechar sempre que o outro sócio no condomínio do poder é forçado a abrir suas comportas. Os liberais já aceitaram de bom grado a democracia relativa, que entendem como a proteção mais segura para a integridade dos seus cristais, neste nosso mundo conturbado. (...) Daí a xaropada das patrulhas ideológicas, figura de retórica do macartismo preventivo, o gás paralisante que faltava no arsenal dos que têm segredos e pecados a esconder – e cristais a conservar. (*8*, p. 241.)

E, entre guerras e cristais, diferentes estratégias governamentais no campo da cultura; limites mais ou menos estreitos para o trabalho intelectual; censura ou cooptação; prisões, expurgos ou tapinhas nas costas: situações diversas vividas por artistas, críticos e teóricos nestas duas décadas de regime militar. Diversidade a que responderiam de modo diferente nossos intelectuais, cujas divisões às vezes se mostravam claramente em disputas de poder variadas e polêmicas mais ou menos acirradas. E na heterogeneidade dos textos ficcionais ou ensaísticos produzidos em meio a tantos confrontos e permanente tensão.

Polêmica: discussão intelectual como espetáculo – Não é de estranhar, portanto, que um dos motores da vida cultural de um país sob governos autoritários seja exatamente a polêmica. Como no terreno político o poder se acha monopolizado, trata-se de disputá-lo noutros campos. E é isto o que se faz nas polêmicas: conquista-se "autoridade intelectual". A trajetória intelectual de José Guilherme Merquior é exemplar disto. Independente de sua inequívoca qualidade como ensaísta e teórico, foi a astúcia de polemista que fez dele um nome de âmbito nacional em fins dos anos 70 e início da década de 80. Foram seus duelos com Marilena Chauí, Luiz Costa Lima, Eduardo Mascarenhas, Wilson Martins e Renato Pompeu, dentre inúmeros outros, nas páginas do *Jornal do Brasil* e da *Folha de São Paulo*, que solidificaram seu ingresso na Academia Brasileira de Letras e ampliaram o seu círculo de leitores.

Prova de que este mecanismo autoritário de discussão intelectual ainda mostra bastante vigor no interior da vida literária brasileira é a polêmica travada durante os meses de março e abril de 1985 nas páginas do "Folhetim", suplemento dominical da *Folha de São Paulo*, entre Roberto Schwarz e Augusto de Campos, com pequenas participações de Salete de Almeida Cara, Décio Pignatari e Matinas Suzuki Jr., cujo objeto de interesse foi o poema "póstudo", de Augusto de Campos, divulgado pela própria *Folha* em 27 de janeiro de 1985. Tomando o poema como pretexto e rastreando seu sujeito (oculto) e a concepção de vanguarda poética nele inscrita, Schwarz, em artigo publicado em 31 de março de 1985, criticava simultaneamente a noção de história e o projeto estético concretista e afirmava sobre "póstudo" tratar-se, em síntese, de "uma forma comprometida com a reiteração do lugar-comum". Afirmações que receberiam resposta logo na semana seguinte de Augusto de Campos num misto de artigo e carta dirigida ao crítico. Servindo-se também o poeta do ensaio de Schwarz como pretexto e passando a lê-lo como sintomático das dificuldades que, na sua opinião, enfrenta a crítica sociológica quando tenta tomar como objeto a poesia, o texto que não dá para ser lido apenas "como se fosse prosa".

Na réplica, de raspão, uma crítica de Augusto a Antônio Cândido, em torno de quem se formou nas últimas décadas toda uma geração de críticos voltados fundamentalmente para uma abordagem sociológica do fenômeno literário. Pelo raspão, novo artigo. Agora de Salete de Almeida Cara, ex-orientanda de Cândido. Em seguida, outra resposta de Augusto de Campos. E a proliferação de comentários sobre a polêmica em artigos os mais inesperados. Desde uma matéria sobre "a moda anos 50", assinada pelo jornalista Joaquim Ferreira dos Santos no *Jornal do Brasil* aos "Drops da nova cultura" publicados por Matinas Suzuki Jr. na *Folha Ilustrada* de 21 de abril de 1985.

Dardos que, no caso de Augusto e Schwarz, se misturam ora com o malandro ocultamento, por parte do crítico, da leitura irônica que permitem as elipses de "póstudo" e do proveitoso diálogo que a análise do poema poderia manter com outro texto do poeta, sem título e publicado também no "Folhetim" em 14 de agosto de 1983, que joga todo o tempo com a noção de sujeito e prefigura o polêmico "póstudo"; ora com a aversão do poeta a deixar que o seu texto caminhe com as próprias pernas, paternalizando-o em excesso e demonstrando todo o tempo marcada criticofobia. Ao fundo e igualmente em xeque o projeto poético-construtivo de vanguarda dos

Póstudo

QUIS
MUDAR TUDO
MUDEI TUDO
AGORAPÓSTUDO
EXTUDO
MUDO

concretos e os recursos de análise de poesia da sociologia da literatura. E a disputa de autoridade entre o ensaísta, com seu olhar maliciosamente "prosaico" sobre a vanguarda poética e seus descartes, e o poeta, que não enxerga "invenção" no trabalho crítico a não ser quando realizado por poetas-críticos. Entre o intelectual que está fora da universidade e o de formação acadêmica, o "artista" e a crítica universitária.

Muitas vezes, nas polêmicas, esta conquista de autoridade custa bem caro: quando é necessário aproveitar-se de métodos aprendidos durante anos com as polícias militares e os agentes do SNI, tais como a deduragem, por vezes levada a cabo no duelo entre "patrulheiros" e "patrulhados", ou a recusa autoritária a justificar conclusões e prestar contas dos pressupostos dos próprios textos e ações. Daí, a "vitória" nas polêmicas ser obtida muito mais na queda de braço do que pela exposição de argumentos convincentes. Mais sucesso costumam ter os que se utilizam de uma linguagem bombástica, oratória, de palanque eleitoral, do que os interessados no assunto em debate ou na pertinência da própria argumentação.

Prática autoritária revestida de capa democrática, a polêmica não pode ser explicada, porém, apenas em função do autoritarismo reinante nos últimos vinte anos. Bastaria lembrar as polêmicas que agitaram a vida cultural brasileira na segunda metade do século XIX e na virada de século. Bastaria lembrar um Sílvio Romero ou um Carlos de Laet para verificar que este mecanismo de discussão privilegiado no país tem raízes bem mais longínquas do que 1964. *Talvez o que se possa dizer é que a durabilidade do regime militar, marcado pela alternância de momentos de repressão e de cooptação, reatualizou a necessidade das polêmicas como duelos necessários para aproximar a discussão crítica da linguagem do espetáculo tão cara ao autoritarismo brasileiro.*

E se é na polêmica que os intelectuais e artistas brasileiros parecem encontrar a própria identidade nesses tempos difíceis, é na literatura-verdade, na parábola e no depoimento biográfico que a prosa de ficção e a poesia pós-64 encontram seus caminhos privilegiados de expressão. Deixando apenas esboçados outros percursos mais densos como o da elipse, do texto fragmentário, da poesia autocorrosiva, do humor. É a tensão entre estas trilhas privilegiadas e as menos percorridas que se procurará narrar a seguir.

II. Retratos & Egos

A literatura brasileira pós-64 faz lembrar uma das anotações do diário de hospício de Torquato Neto. A data é 13 de outubro de 1970 e lia-se nele o seguinte fragmento:

> eu: pronome pessoal e intransferível. viver: verbo transitório e transitivo, transável, conforme for. a prisão é um refúgio! é perigoso acostumar-se a ela. e o dr. Oswaldo? não exclui a responsabilidade de optar, ou seja:?

É perigoso acostumar-se à prisão, alertava Torquato em 1970. E o aviso em parte é dirigido a si mesmo, subitamente acostumado a viver interno num hospital psiquiátrico; em parte profetiza a verdadeira *síndrome da prisão* que tomaria conta dos escritores e da literatura brasileira de modo geral durante a década passada. E o que caracterizaria esta síndrome? Como é freqüente nas celas das prisões, ora gritos de rebeldia, como os da "arte de protesto"; ora sussurros medrosos, como nas alusões e parábolas. Ora a tentativa quase sempre difícil de estabelecer contato com o maior número possível de "prisioneiros", mesmo que para isso se tivessem que ressuscitar naturalismos e dicções oratórias; ora o autocentramento, que nem sempre é sinônimo de qualidade literária, a "solitária", uma literatura de mão única cujo trajeto obrigatório é pelo próprio ego. Estas as duas trilhas que, de certa maneira, aprisionam a literatura brasileira dos últimos anos: de um lado, o naturalismo evidente dos romances-reportagem ou disfarçado das parábolas e narrativas fantásticas; de outro, a "literatura do eu" dos depoimentos, das memórias, da poesia biográfico-geracional.

Duas trilhas que reapresentam, via ficção, algumas das questões centrais das polêmicas dos anos 70, tais como o nacionalismo artístico e o repúdio à formalização e à crítica como exercício racional e não apenas projeção passional. Tais questões retornam na ficção e na poesia do período com outros trajes. Com os trajes irracionalistas da poesia da "geração AI-5", com a obsessão pelo retrato jornalístico ou alegórico do Brasil, da nacionalidade, tão característica aos romances-reportagem ou ao realismo mágico de nossa prosa literária recente.

E os perigos a que se refere Torquato Neto? No seu caso, de não conseguir mais viver lá fora, escolher ao invés de receber ordens. No caso das polêmicas, como já se observou, a adoção de esquemas autoritários de discussão intelectual. Esquemas que repetem, no campo da cultura, uma linguagem autoritária como a do próprio regime militar, sem espaço para diálogos, só para duelos, e incapaz de ouvir falas contraditórias sem exterminá-las. Perigos semelhantes os de uma produção literária que pensa falar contra a corrente, mas com uma estética naturalista, oratória ou personalista, sem perceber que suas trilhas teriam a bênção às vezes inclusive da Política Nacional de Cultura; ou que estariam revivendo algumas das opções literárias mais conservadoras e menos capazes de olhar criticamente para o país e de ampliar o horizonte artístico-ideológico de seus leitores. E, em meio a esta síndrome da prisão, a desvios formais, opções estéticas de risco reduzido, à tentativa de ser "contra", é que se pode avaliar a literatura produzida durante essas duas décadas de governos militares.

A literatura-verdade

As minúcias do horror – Em liberdade, romance-ensaio de Silviano Santiago, publicado em 1981, funciona como uma espécie de síntese crítica da produção romanesca da década anterior. Trata-se de um texto cujo tom é o do diário íntimo, mas, ao contrário dos depoimentos sinceros, memórias e biografias de fins dos anos 70, é um diário mentiroso. A começar por aquele que se diz ser o seu autor: Graciliano Ramos. Segundo as notas com que se inicia o texto de Silviano, tal diário teria sido escrito quando Graciliano saiu da prisão em 1937. E se mantivera inédito apenas por desejo expresso pelo "verdadeiro" autor, que chegara inclusive a ordenar a um amigo a queima dos originais. Com este aviso prévio, quem inicia a leitura de *Em liberdade* sabe estar num território perigoso, num diário que se diz de Graciliano sem ser, numa espécie de metade dialética das *Memórias do cárce-*

re. Memórias agora não mais da experiência da prisão, e sim da liberdade e seus cerceamentos mais sutis. Contrariando-se, assim, a marcante preferência do público literário brasileiro pelos tristes e detalhados relatos de torturas, perseguições policiais e confinamentos sobretudo depois do retorno dos exilados.

Ésta ávida leitura da experiência carcerária ou da narrativa dos sofrimentos alheios parece apontar no sentido de um grande *mea culpa* da classe média que apoiou o golpe militar de 1964 e a subseqüente militarização da sociedade brasileira e, desencantada, começa a se penitenciar ficcionalmente pela repetida leitura de suas conseqüências. Ou, caminho inverso, trata-se de uma outra geração de leitores cujo conhecimento da história recente do país, fragmentário e contraditório, se procura ordenar e reinterpretar com base nas versões não oficiais a que se começa a ter acesso com o aparecimento de um volume maior de publicações de depoimentos, memórias e romances políticos. O que ocorre sobretudo a partir de 1975. E, de maneira ainda mais acentuada, depois da anistia, já no Governo Figueiredo. Explica-se, assim, que Fernando Gabeira trace o seguinte perfil de seu leitor num dos capítulos de *O que é isso, companheiro?*:

> O amigo/a talvez fosse muito jovem em 64. Eu mesmo achei a morte de Getúlio um barato só porque nos deram um dia livre na escola. Um golpe de estado, entretanto, mexe com a vida de milhares de pessoas. Gente sendo presa, gente fugindo, gente perdendo o emprego, gente aparecendo para ajudar, novas amizades, ressentimentos ... (*24*, p. 22.)

O tom quase didático de Gabeira diz respeito fundamentalmente à crença de que fala para uma geração que não é mais a sua e que se formou afetiva e intelectualmente sob um regime militar de cujo doloroso processo de implantação detém, no entanto, apenas poucos e dispersos dados. O sucesso desta literatura político-memorialista se explica, então, em parte pela tentativa dessa geração mais jovem de suprir, via memória alheia, as lacunas do próprio conhecimento histórico; em parte pela necessidade de um outro tipo de leitor purgar culpas suscitadas pelo próprio alheamento ou pelo apoio, mudo ou não, dado ao golpe, servindo-se para tal purgação da leitura atenta e obsessiva de quaisquer relatos de calvários políticos que lhe chegassem às mãos. Mesmo alguns como *Em câmara lenta,* de Renato Tapajós, com pouca preocupação literária, mas minuciosos e abusando de uma "retórica emocionada" nas descrições de cenas de tortura como esta que, para a delícia de certo tipo de leitor-vampiro, se alongava por quatro páginas, diluindo, deste modo, qualquer efeito de choque que porventura pudesse causar, e da qual transcrevemos pequeno trecho:

> Os choques aumentaram de intensidade, a pele já se queimava onde os terminais estavam presos. Sua cabeça caiu para trás e ela perdeu a consciência. Nem os sacolejões provocados pelas descargas no corpo inanimado fizeram-na abrir os olhos. Furiosos, os policiais tiraram-na do pau-de-arara, jogaram-na ao chão. Um deles enfiou na cabeça dela a coroa-de-cristo: um anel de metal com parafusos que o faziam diminuir de diâmetro. Eles esperaram que ela voltasse a si e disseram-lhe que se não começasse a falar, iria morrer lentamente. Ela nada disse e seus olhos já estavam baços. O policial começou a apertar os parafusos e a dor a atravessou, uma dor que dominou tudo, apagou tudo e latejou sozinha em todo o universo como uma imensa bola de fogo. Ele continuou a apertar os parafusos e um dos olhos dela saltou para fora da órbita devido à pressão no crânio. Quando os ossos do crânio estalaram e afundaram, ela já havia perdido a consciência, deslizando para a morte com o cérebro esmagado lentamente. (*63*, p. 172.)

Fora o evidente processo de heroização da personagem que, mesmo sob violenta tortura, não fala nunca, nem responde a qualquer pergunta dos policiais, já por este trecho dá para perceber quais os recursos narrativos privilegiados por Renato Tapajós: o alongamento das descrições e o relato em ritmo lento, superemocionalizado, e sempre do ponto de vista de alguém que assistisse de fora, mas identificado, ao desenrolar da cena. E que, tal como quem o lê, pudesse ir purgando-a aos poucos, à medida mesmo que a descreve. Desse modo, a "quase tortura", a experiência de choque a que se poderia submeter o leitor, não chega a se realizar. Pelo contrário, dilui-se, em câmera lenta, a tensão. No mesmo movimento que transforma os protagonistas do romance em heróis de fácil identificação e o horror em exibição emocional, excesso descritivo-ornamental.

No caso de *O que é isso, companheiro?* o clima ainda é mais propício para purgações políticas já que se vai direto ao assunto, sem ficcionalização, sem digressões, e com a certeza de o que se lê ter acontecido visto tratar-se do depoimento biográfico de um dos seqüestradores do embaixador americano Elbrick. Era inevitável o sucesso popular de um livro com histórias como essa:

> Entre os que nada falaram, alguns morreram, outros não. Meu caso foi muito especial. A bala atingira o rim, o estômago e o fígado. Sondas e tubos de soro eram indispensáveis. Não poderiam me pendurar no pau-de-arara sem risco de morte, nem poderiam me fazer sentar na Cadeira do Dragão, que era uma cadeira eletrificada. O que se fazia de tortura, se fazia ali na cama ou não se fazia. Você poderia jogar com as sondas, arrancando bruscamente a sonda do pênis; poderia ameaçar cortar o soro. O básico dos interrogatórios era vencer pelo cansaço. (*24*, p. 155)

Usa-se abundantemente, nesse relato, o condicional. Não se descreve propriamente uma cena de tortura. Sugere-se uma. Arma-se um interrogatório, ou vários potenciais. As frases curtas, a dicção jornalística, o tom casual bloqueiam a desejada catarse de quem lê. Menos ingênuo, Gabeira tenta descartar o horror ornamental, essa retórica do excesso tão característica aos romances políticos do período. Mas, mesmo tentando evitar o caminho fácil do martírio e do heroísmo revolucionário para o personagem central, Gabeira não pôde evitar a paixão do leitor brasileiro pelas cenas teatralmente dolorosas, pela exibição literal, alegórica ou entrecortada de suas chagas políticas recentes.

Não é à toa que *Os carbonários*, de Alfredo Sirkis, lançado em agosto de 1980, em outubro do mesmo ano já se encontrasse em quarta edição. Ou que proliferassem "textos-retratos" como os incluídos em *Cadeia para os mortos* (1977), de Rodolfo Konder, onde, seguindo os *topoi* do momento, narravam-se aqui e ali novos detalhes da violência cotidiana no país. Como as invasões domiciliares ("Abro a porta e levo um murro na cara. Um murro não, um coice. De uma enorme figura plantada na soleira, cresce a mão ossuda, que se estica, se aproxima, aumenta e se choca contra o meu rosto. A dor vai até a nuca e explode na cabeça inteira, escurecendo a vista e despejando na boca um gosto adocicado de sangue." *30*, p. 37) ou a tensa espera, no cárcere, pelo momento do interrogatório ("Quando será minha próxima vez? Examino as mãos trêmulas que se apóiam no banco de madeira: há pequenas marcas escuras em volta dos polegares e dos indicadores – onde eles prendem os fios da tortura. Sinto a cabeça zonza, ainda me doem as pancadas recebidas nos ouvidos e na nuca. Pedi ao carcereiro um pouco de água, há quase meia hora, mas sei que ele sempre demora a trazer a caneca de alumínio." *30*, p. 90). Mas se os pequenos contos de Rodolfo Konder estão bem mais para o flagrante jornalístico do que para a ficção política, houve quem procurasse maior elaboração literária para as cenas de tortura e violência cada vez mais freqüentes na literatura dos anos 70.

Elaboração perceptível, por exemplo, numa cena como esta de "Garopaba mon amour", conto de Caio Fernando Abreu incluído em *Pedras de Calcutá*:

> Pouca vergonha, o dente de ouro e o cabo do revólver cintilando à luz do sol, tenho pena de você. Pouca vergonha é fome, é doença, é miséria, é a sujeira deste lugar, pouca vergonha é a falta de liberdade e a estupidez de vocês. Pena tenho eu de você, que precisa se sujeitar a este emprego imundo: eu sou um ser humano decente e você é um verme. Revoltadinha a bicha. Veja como se defende bem. Isso, esconde o saco com cuidado. Se você se descuidar, boneca, faço uma omelete das suas bolas. Se me entregar direitinho o serviço, você está livre agora mesmo. Entregar o quê? Entregar quem? Os nomes, quero os nomes. Confessa. O anel pesado marca a testa, como um sinete. Cabelos compridos emaranhados entre as mãos dos homens. A cadeira quase quebra com a bofetada. Quem sabe uns choquezinhos pra avivar a memória? (*1*, p. 88)

No conto de Caio Fernando Abreu, tortura e delírio se misturam, forçando a própria narrativa a modificar-se para dar conta deles. E, parágrafos curtos, descrições dolorosas entremeadas de lembranças agradáveis, se fazem acompanhar deste súbito diálogo em que se misturam as falas de torturador e torturado, revolta e relato quase cinematográfico. Caio Fernando Abreu não se limita a descrever o horror, como se percebia nos trechos de Renato Tapajós ou Rodolfo Konder aqui transcritos, ou a refletir sobre a possível lógica que regia a tortura, como fazem Gabeira e Sirkis por diversas vezes nas suas memórias políticas. No seu caso o procedimento é bem outro. Não se está registrando ocorrência, fazendo documento, diário ou depoimento de experiência vivida. Mas sim literatura. Daí, a necessidade de se dar um perfil não apenas alegórico à figura do torturador, fazendo dele personagem com falas próprias ao invés de simples abstração, e de se incorporar ao próprio modo de narrar a tensão do que se narra. Tensão que se acentua pela transformação do que seria um diálogo num relato corrido, onde ordens, perguntas, vozes, xingamentos, ameaças e uma ou outra descrição se sucedem crescentemente emaranhados, como os cabelos compridos do interrogado.

As bufonerias da tortura – Por vezes é no aproveitamento mesmo de uma linguagem quase de livro de registro de ocorrência, num tom frio e numa ampliação generalizada do campo de ação da violência policial que se procura representar literariamente o cotidiano de um país sob regime autoritário. Isso é o que faz, por exemplo, Rubem Fonseca num conto intitulado "O exterminador". Ficção futurista, fala-se aí de uma sociedade toda ela permeada por exterminadores, polícias secretas, gases paralisantes, esquadrões e um refinado sistema de vigilância, segurança e extermínio. Repetem-se, no entanto, infalíveis, também em "O exterminador", as cenas de tortura, só que desta vez teatralizadas e pouco descritivas:

> "Nós só queremos saber em que lugar está o indivíduo denominado Cacique", disse o G.G., através do alto-falante.
> "Não adianta falar", disse Pan, "nós arrebentamos os tímpanos dele. As perguntas têm que ser feitas por escrito. Ele ainda enxerga alguma coisa."
> Num dos cantos da sala o guarda velho balançou a cabeça. (*10*, p. 247)

Obedecendo o mote, Rubem Fonseca acrescenta a ele alguns novos procedimentos: frieza e humor. E, meio seguindo a dicção de um relatório policial comum, enche o seu texto de datas, horários, números e siglas, que, pela própria repetição exagerada, tornam-se aos poucos ridículos no decorrer da narrativa. Há pouquíssimas frases que não incluem uma ou mais siglas. A regra é entrecortar todo o tempo as falas com explicações sobre as iniciais, que depois passam a ser usadas sem problemas. Lemos então "BBB" e recebemos a seguinte explicação: "especialistas em incêndios e saques, sigla derivada do grito dos terroristas negroamericanos do século XX, *burn, baby, burn*"; logo em seguida: "(EEE ou 3E: Estupefaciente de efeito estuporante)", "(GASPAR: gás paralisante)", "FUVAG: favela urbana vertical de alto gabarito)", "(DEPOSE: Departamento de Polícia Secreta)", "(SS: Super-Sádico)", "(EXPLA: explosivo plástico)". As siglas e os miniverbetes explicativos que as complementam se multiplicam e, por fim, passam a utilizar, com ironia, nomes de uso corrente como "(DEUS: Departamento Especial Unificado de Segurança)" ou "(IE-IE-IE: Irritante Epidérmico Triplo Concentrado)". E, aos poucos, essas paradas lexicográficas na narrativa da ação dos exterminadores começam a funcionar como um contraponto irônico à violência das situações criadas. E como um meio de desemocionalizar a todo o instante o que se lê e já não se pode purgar com muita facilidade.

Rubem Fonseca trabalha em "O exterminador", portanto, ora com o excesso (de siglas, de violência, de dados), ora com a interrupção (os parênteses, as explicações, o humor). Procedimento diverso do empregado na maior parte da ficção política das duas últimas décadas onde predominou via de regra o excesso. Excesso de minúcias nas cenas de tortura e violência ou excesso de pistas nas descrições de cunho alegórico. E permitindo-se poucos cortes, lacunas e jogos com o humor, esta literatura-depoimento cumpriu à risca o pacto catártico com seu leitor, cheio de culpas a purgar ou interessado em vampirizar, por via ficcional, a experiência histórica alheia, que, de seu lado, fez a sua parte: transformou essa exibição minuciosa de chagas políticas em "receita" de *best-seller*, sucesso certo. Daí, a importância de textos capazes de transformar esse pacto compensatório-comercial em "contrato" ficcional. Como faz Rubem Fonseca pela via irônica das siglas que, de tão repetidas, acabam dando origem a inusitadas definições de Deus ou de iê-iê-iê. Num movimento que culmina com o próprio aniquilamento da diferença entre a sigla e os nomes que sintetiza pelas iniciais. É o que acontece à medida que a narrativa se aproxima de seu desfecho. Passa-se, então, a ler: "(EUNUCO: eunuco)", "(CONTROLE: controle)". A explicação já não diz nada além da própria sigla e a sigla, por sua vez, parece incapaz de sintetizar seja lá o que for, limita-se a repetir o que deveria cifrar. Como se o narrador parasse subitamente de dar chaves para uma leitura alegórica de sua ficção futurista de uma sociedade onde a violência se teria generalizado. Como se o código que inicialmente se dá para o leitor se tivesse modificado bruscamente. E dado lugar a uma irônica trapaça.

Trapaça que, com dicção bem mais bufa, é aplicada por Sérgio Sant'Anna no leitor de *Confissões de Ralfo* (1975). Aí, nesta "autobiografia imaginária", o narrador, depois de inúmeras peripécias, se figura de repente submetido a aterrorizante interrogatório, cujo preâmbulo não difere lá muito da maior parte das cenas de tortura que se repetiram na literatura brasileira desde a década passada:

> Eles me arrancaram de dentro do carro e me empurraram, aos bofetões, para uma cela imunda e infestada de pequeninos insetos sobre um chão de cimento, onde havia vestígios de sangue, mijo e vômitos. E quando fecharam a porta atrás de mim, eu era só no mundo; só, de um modo que nunca antes experimentara ou imaginara possível acontecer. (*56*, p. 111)

Até aí nada de novo. É quando se inicia o interrogatório propriamente dito que o romance de Sérgio Sant'Anna joga por terra a expectativa por parte do leitor de apenas mais uma cena dolorosa de tortura. Uma das primeiras perguntas daqueles a quem Ralfo se refere como "torturadores-padrão" já é espantosa: "Quem descobriu o Brasil?" E, diante da recusa do preso em respondê-la, limitando-se a repetir "A puta que o pariu. A puta que o pariu.", chutes e ferimentos com um cortador de unhas. Até que, vencido, afirma: "Pedro Álvares Cabral." O diálogo é francamente insólito. Não se indaga em momento algum sobre "nomes", "planos", "aparelhos" ou coisas do gênero. Nenhuma pergunta política. Todo o interrogatório lembra uma prova oral, uma dolorosa prova de conhecimentos gerais, na sua maior parte inúteis ou demasiadamente óbvios:

– E agora nos diga como morreu Jean Paul Marat?
– Também assassinado.
– Por quem?
– Charlotte Corday.
– Onde?
– No hospício.
– Em que situação?
– No banho.
– E Abraham Lincoln morreu também...
– Assassinado.
– E quem foi o assassino?
– John Wilkes Booth.
– E quem era esse Booth?
– Um ator de teatro.
– E o que é um ator de teatro?
– Aquele que representa no palco textos cômicos ou dramáticos.
– Assim como fazei vós?
– Assim como eu, senhores.

Duas chibatadas por ter pretensões dramáticas. (*56*, 120-1)

Interrompido às vezes por chibatadas, às vezes por choques, às vezes por petelecos ou simples afagos nos cabelos e beijos na testa, o inquérito continuava com perguntas que iam desde "Quem foi Édipo?" a "O que aconteceu em 1584?", desde a exigência de uma definição para "batráquios" ou "zeoscópio" à "receita de uma rosca doce", desde a explicação das regras do gamão à definição, em inglês, de "farsa" ou, em português mesmo, de "romance". Às vezes crescia ainda mais o *nonsense* do diálogo entre os torturadores e Ralfo. Como quando o fazem arrolar, sem motivo aparente, uma série de datas e ocorrências escolhidas ao léu:

> – Cite outras datas e respectivos acontecimentos.
> – 1587: Sir Francis Drake destrói a frota espanhola no porto de Cadiz; abril de 1665, a Grande Praga em Londres; 7 de outubro de 1870, Leon Gambetta, num balão dirigível, escapa de Paris sitiada para prosseguir na guerra contra a Prússia; 18 de dezembro de 1865, a escravatura é abolida nos Estados Unidos; 2 de maio de 1885, o Estado Livre do Congo é fundado por Leopoldo II, rei da Bélgica; 1º de outubro de 1936, o Generalíssimo Franco é nomeado chefe do governo espanhol; 6 de agosto de 1945, a primeira bomba atômica é lançada em Hiroshima; 30 de outubro de 1941 ...
> Duas chibatadas por aborrecer-nos com tantas datas. (*56*, p. 118)

As datas e fatos se sucedem sem a menor conexão, como se tirados de páginas diversas de um livro escolar qualquer. E, mais do que conhecidos, funcionam como caricaturas meio bufas do tipo de informação que efetivamente se costuma exigir de um preso político. Ninguém costuma torturar ninguém para saber a receita de uma rosca doce ou ouvir mais uma vez que foi Pedro Álvares Cabral quem descobriu o Brasil. Sérgio Sant'Anna utiliza-se, pois, do "sem sentido" desses diálogos tanto para afirmar a irracionalidade mesma da situação carcerária, quanto para desdramatizar sua representação da tortura. Tanto para obrigar o leitor a perceber a gratuidade da violência, quanto para impedi-lo, via humor, de derramar lágrimas amargas pelo que o texto sugere. Pois não é à toa que Ralfo se define como um "ator" diante de seus torturadores. Dessa maneira, o romance parece avisar seu leitor que o pacto emocional ou o biográfico não são possíveis ali. O trato é outro. É ficcional. Estando qualquer deslize de quem lê passível de rápida correção via humor ou *nonsense*.

E é assim mesmo, pela representação humorística do que usualmente se lê como tragédia, levando ao extremo as frias ironias do Rubem Fonseca de "O exterminador", e contrariando o realismo cru de descrições como as de um Renato Tapajós, por exemplo, que Sérgio Sant'Anna tematiza de maneira extremamente eficiente a dificuldade de se tratar literariamente da tortura e de se desautomatizar o olhar de um leitor também acometido, e em graves proporções, da "síndrome da prisão" anunciada por Torquato Neto em 1970.

A seco – Porque é mesmo muito difícil falar do que se passa propriamente no corpo. Tanto o prazer quanto a tortura chegam a parecer quase irredutíveis ao plano discursivo. Por isso quanto mais minuciosas e emocionais as descrições, mais o assunto e a sensação que se buscava produzir parecem escapar. Como o erotismo, também a tematização da dor e da tortura físicas exige da linguagem uma espécie de ascetismo, de depuração, uma quase frieza capaz de, por via transversa, chegar onde se deseja. Daí, a eficiência da representação caricatural de um interrogatório tal como a realiza Sérgio Sant'Anna. Ou de um texto limpo, seco, apenas com vestígios de violência como o conto "Alguma coisa urgentemente" de João Gilberto Noll. Nele, ao invés do excesso e da minúcia, trabalha-se sobretudo com o esboço, o silêncio, o lacunar. E permite-se, assim, ao leitor uma tensa mobilidade por entre esses vazios do texto, esses silêncios de uma representação seca e cuidadosamente pouco emocional do relacionamento entre um ativista político e o filho que mal conhece no curto período que antecede a sua morte.

E, assim como o filho pouco sabe da trajetória paterna, também o leitor tem que se contentar, no conto de Noll, com um ou outro dado pinçado de repente. Sabe-se, por exemplo, da "rotatividade" do pai, sabe-se de sua prisão em 1969, do seu reaparecimento anos depois, já sem um braço, para buscar o filho num colégio interno e mudar-se com ele para um apartamento no Rio de Janeiro, no qual nunca se detém, a não ser para morrer. Relacionamento cheio de silêncios e mistérios se estabelece, então, entre pai e filho, leitor e narrativa em "Alguma coisa urgentemente". Tão cerimonioso que o rapaz chega a se assustar quando o pai, moribundo, grita o seu nome:

> (...) nem sei bem o que passou pela cabeça dele quando o meu pai lá no quarto me chamou, era a primeira vez que o meu pai me chamava pelo nome, eu mesmo levei um susto de ouvir o meu pai me chamar pelo nome, e me levantei meio apavorado porque não queria que ninguém soubesse do meu pai, do meu segredo, da minha vida, eu queria que o Alfredinho fosse embora e não voltasse nunca mais (...) (*44*, p. 19)

Inesperado contato o que se estabelece com este chamado, logo rompido, porém, pela morte do pai e pelo último corte da narrativa no exato momento em que se detecta essa morte, restando ao filho e ao leitor apenas a possibilidade de rastrearem, em suspenso, os vestígios desse personagem tão secreto. E cujo perfil não exatamente heróico, cuja morte sem sangue e sem maiores explicações, destoa bastante da estética do suplício desenvolvida na ficção política pós-64. Nos contos de João Gilberto Noll incluídos em *O cego e a dançarina* (1980) não há minúcias, há sugestão. E é a seco e em silêncio que se adivinham sofrimentos e violências. E que se transforma um leitor sequioso pela tortura convertida em espetáculo num caçador silencioso de rastros e sinais.

É esse leitor que se espanta também com um romance como o *Em liberdade* de Silviano Santiago e sua recusa a narrar esperadas cenas de violência física. Os detalhes do livro dizem respeito unicamente ao dia-a-dia de um intelectual, recém-posto em liberdade, durante mais de dois meses num país mantido sob regime autoritário. Nada de muito heróico ou dramático. Pelo contrário, a certa altura, o texto chega a rejeitar explicitamente essa "síndrome da prisão" que domina as expectativas de um leitor a quem "interessam muito mais as experiências de um homem na cadeia do que as do mesmo homem em liberdade". Interesse contrariado propositadamente pelo narrador de *Em liberdade:*

> Todos exigem – e nisso há unanimidade – que eu escreva as minhas memórias do cárcere. Ninguém me pede as anotações que estou fazendo dos meus tateios em liberdade.
> Será que todo leitor é intrinsecamente mau?
> Será que só se interessa pelo lado sombrio de uma vida?
> Vejo-me na escuridão, procuro desesperadamente o comutador, quero enxergar o que me rodeia, ser dono dos meus atos e não uma força cega que se desloca ou é deslocada, encontro o botão, consigo empurrá-lo para baixo. Glória: a luz! Chega o leitor por detrás de mim e desliga o comutador. 'Continue nas trevas, é aí o seu lugar.'
> Grandíssimo filho da puta. Não cairei na sua armadilha. Não vou darlhe o livro que exige de mim. Dou-lhe em troca o que você não quer.
> Estou trabalhando com a sua decepção. É ela a preciosa matéria-prima deste diário. (*58*, p. 128)

Neste trecho explicita-se o projeto geral do livro: trabalhar com a decepção do leitor. Ele espera um ensaio sobre Graciliano e a vida intelectual durante o período Vargas? Pois o livro atende sua demanda, mas sob a forma de diário. Espera-se, como em todo diário, referencialidade biográfica? Maior referencialidade é impossível, todos sabem quem foi Graciliano. E, por isso mesmo, torna-se impossível a identificação com o narrador. Ele se diz alguém que não é, rompe o pacto autobiográfico do mesmo modo que descartara a "estética do suplício", passa uma rasteira no verismo do público e se enuncia como "pura ficção".

Só pelo realce da própria ficcionalidade, em meio a múltiplas referências históricas e personagens com nomes por demais conhecidos; só pela mistura de gêneros (ensaio, diário, ficção), o romance de Silviano Santiago já se situa em posição singular em meio ao panorama literário brasileiro da última década.

O cárcere do eu – As memórias políticas de Gabeira, Alfredo Sirkis, Gregório Bezerra, Mourão Filho, Hugo Abreu, Abelardo Jurema, Reinaldo Guarany; a reconstituição do tempo perdido, empreendida por Pedro Nava, na prosa, e Drumond, na poesia; os relatos autobiográficos de Marcelo Rubens Paiva *(Feliz Ano Velho)* e Eliane Maciel *(Com licença, eu vou à luta)*; o romance centrado nas aventuras de um ego picaresco como *Tanto faz,* de Reinaldo Moraes, *Agora é que são elas*, de Paulo Leminski, ou nos "folhetins históricos" de Márcio Souza *(Galvez, o imperador do Acre)* e Eustáquio Gomes *(A febre amorosa):* tendendo ora para a ficção, ora para o documento, há uma trajetória comum a estes textos no sentido da recuperação da intimidade com o leitor e do perfil do narrador. Não é de estranhar, nesse sentido, que subitamente num dos muitos minicapítulos que compõem *Agora é que são elas*, Paulo Leminski se permita uma breve digressão sobre o narrador e suas funções:

> – O narrador é um fantasma, ele mal-assombra as histórias, elas poderiam passar muito bem sem ele.
> Elas, as histórias. Elas, palavras. Elas, as estrelas. Elas, quem?
> Para Propp, as histórias se faziam sozinhas, por geração espontânea, gracinha, sem precisar de intervenção humana. Chego a desconfiar que imaginasse, que existissem, platonicamente, num universo anterior, maior e superior ao nosso. E que se materializavam, seres gasosos dos pantanais da Canópus.
> Só que com a filha dele não era bem assim. Nosso romance não ia pra frente, sem intervenção humana. Humana quer dizer *minha.* E, afinal de contas, o que queria dizer 'ir para a frente'? (*35,* p. 96)

Do mesmo modo que afirma "Humana quer dizer *minha*", se poderia dizer igualmente "Narrador quer dizer *eu*". E o romance teatraliza uma espécie de conversa ao pé do ouvido do leitor, na qual esse "ego-narrador" ocupa a boca de cena evidentemente. Este o narrador preferido também por essa prosa com dicção autobiográfica que dominou o panorama literário brasileiro de fins dos anos 70 e início da década de 80. Um pouco a reboque da voga de depoimentos políticos e do tom biográfico-geracional de grande parte da poesia marginal, constituiu-se um gênero específico de narrativa, próxima ao confessional, ao "diário adolescente", ao testemunho, marcada por um eterno *tête-à-tête* com o leitor, e cuja preocupação principal nem de longe é com o trabalho literário, mas sim com a "sincera" expressão dos fantasmas de quem escreve. E que se utiliza assim terapeuticamente das letras.

"Prendi meus fantasmas no papel", diz-se quase ao final de *Com licença, eu vou à luta*, "e descobri que, ao fazer isso, eles perderam as suas fisionomias esquálidas de fantasmas. Amei-os novamente, com todas as suas asperezas grotescas e cicatrizes". E é exatamente a "fantasmas" que se reduzem quaisquer outros personagens que não esse todo-poderoso ego-escritor. Pois como observou, implacável, o jornalista Roberto Pompeu de Toledo em artigo publicado na revista *Veja* de 20 de fevereiro de 1985 sobre o sucesso dessa prosa confessional e o lançamento de *Dama da noite*, de Alita Sá Rego, mais um desses "romances-testemunho", marcas registradas da coleção "Cantadas Literárias" da Editora Brasiliense:

> O cárcere do eu é implacável e os impede de ver o mundo lá fora. O caso de Alita, nesse sentido, é exemplar. Ao longo das 158 páginas de seu livro, não há um único personagem que adquira vida própria, além dela mesma. Nenhum de seus namorados, nenhum dos amigos, nem mesmo os filhos merecem uma descrição mais cuidadosa – parecem fantasmas a voltear e, freqüentemente, apoquentar a vida da autora.

E não é só a noção de personagem que passa por discutível redução, o próprio perfil do narrador que se pensava restaurar, via testemunho, se transforma, assim, em simples retrato autobiográfico. Porque sequer se permite ao leitor a separação entre *ego scriptor* e eu biográfico. Narrar passa a ser sinônimo de auto-expressar-se, funcionando à maneira de uma carteira de identidade para quem escreve. Daí, as repetidas viagens por subjetividades biográficas e imaginárias a que se assiste nas duas últimas décadas. Viagens que um texto como *Em liberdade*, por exemplo, interrompe, sugerindo que a literatura não é obrigada a remendar egos divididos e que memorialismos e autobiografias não são o único refúgio do narrador. Daí, o esforço de Silviano Santiago em procurá-lo lá onde parece justamente mais difícil: num inesperado ponto de interseção do ensaio com a ficção.

A salada do Salomão – Já Waly Salomão, num livro de 1972, *Me segura qu'eu vou dar um troço*, percebia essa "busca da personalidade perdida" e indicava outro caminho: o estilhaçamento do narrador, a estética do fragmento. E, ironicamente, desmascarava a obsessão vampiresca por uma literatura que "revelasse" subjetividades:

> *Me segura qu'eu vou dar um troço* é um livro moderno; ou seja, feito obedecendo a uma demanda de consumo de personalidades. A narração das experiências pessoais – experiências duma singularidade sintomática, não ensimesmada – se inclui como aproveitamento do mercado de Minha vida daria um romance ou Diário de Anne Frank ou Meu tipo inesquecível ou ainda como meu capítulo de contribuição voluntária para o volume *Who is who in Brazil.*
> Uma imagem à venda: comprem o macarrrão do Salomão, salada do Salomão. (*55*, p. 102)

Waly troca o autocentramento pelo sintoma e "finge praticar a literatura de expressão pessoal", como diz no *Me segura*, mas foge dela. A começar pela invenção de um outro nome com o qual assina a maior parte dos textos: Waly Sailormoon. Waly Dias Salomão vira palavra-valise: sailormoon. E tudo que parece muito pessoal sai da primeira para a terceira pessoa, o "eu" que se lê não esconde mais qualquer fundo falso. Vide Waly:

> Já não conheço mais os traços do meu rosto SENHOR eu sou o mais humilde dos seus servos nada mais se esconde sob este nome WALY DIAS SALOMÃO não tenho nenhum mistério não aprendi nenhum truque nenhum grande segredo do eterno não tenho nada a preservar – instituído território livre no meu coração: o artista nasce da morte. (*55*, p. 65)

No livro de Silviano Santiago, Graciliano Ramos, transformado em personagem de um romance jamais escrito por ele e que se define como autobiográfico, desmente a possível referencialidade do "eu" que narra. Por outro lado, quem detém o *copyright* de *Em liberdade* – Silviano – rejeita tanto o perfil do ensaísta, quanto o do romancista.

E apropria-se da identidade de seu personagem e objeto de estudo. Miscelânea na qual se afogam subjetividades biográficas e brinca-se com a "literatura do eu" dominante nos anos 70. Nos fragmentos de Waly Salomão a brincadeira é outra. Seu nome inventado está lá a cada página para quem quiser ver. Mas quem acredita em epifanias biográfico-documentais leva logo um fora: "nada mais se esconde sob este nome". E o texto opta pela própria fragmentação, nela se incluindo quem o assina: "o artista nasce da morte". E, evidentemente, quem o lê, que se encontra assim impedido de, via identificação, reconhecer nos traços de quem escreve o seu próprio rosto. *Se não há rastro algum a perseguir, se não há assassino, para que o detetive?* Qual o papel do leitor?

O neonaturalismo – É no sentido de evitar estranhezas como estas que a prosa brasileira das duas últimas décadas tem preferido passar ao largo de trilhas como as de Silviano e Waly. Aliás, não é mesmo possível construir estradas com fragmentos e ironias. Com retratos pessoais ou nacionais, sim. Daí, o privilégio de um velho caminho, já largamente percorrido em fins do século XIX (por Aluísio Azevedo, Rodolfo Teófilo, Adolfo Caminha, Júlio Ribeiro) e em 30 (por Jorge Amado, José Lins do Rego, Rachel de Queiroz): o do naturalismo. Com a diferença de que agora ele dá origem, de um lado, a documentos biográficos; de outro, a um mesmo retrato em negativo e positivo (realismo mágico e romances-reportagem).

Talvez pareça estranho que se tenham agrupado tendências geralmente consideradas divergentes como o fantástico e o naturalismo, a literatura social e o subjetivismo autobiográfico. Não se pretende, com isso, esquecer suas diferenças. Trata-se, sim, de ressaltar a imagem que se teve da literatura nos últimos tempos no Brasil. A imagem predominante tem sido a de uma forma de expressão obrigada a exercer quase que exclusivamente funções compensatórias. Isto é: a dizer o que a censura impedia o jornal de dizer, fazendo em livro as reportagens proibidas nos meios de comunicação de massa; a produzir ficcionalmente identidades lá onde dominam as divisões, criando uma utopia de nação e outra de sujeito, capazes de atenuar a experiência cotidiana da contradição e da fratura.

Para exercer tais funções a literatura opta por negar-se enquanto ficção e afirmar-se como verdade. O naturalismo torna-se todo-poderoso. Opção destacada pelo crítico paulista Davi Arrigucci Jr.

em "Jornal, realismo, alegoria", onde assinala a forte tendência – sobretudo a partir dos anos 70 – para se "voltar à literatura mimética", e "fazer uma literatura próxima do realismo, quer dizer, que leve em conta a verossimilhança realista." (*5*, p. 80) E, segundo Arrigucci, o modelo da ficção passa a ser o jornalismo. Ora se imitam as técnicas do jornal, privilegiando-se a montagem, como em *Reflexos do baile*, de Antonio Callado, ou em *Zero*, de Ignácio de Loyola Brandão; ora a vida social é representada como análoga à "vida do grande jornal", como em *Cabeça de papel*, de Paulo Francis; ora se faz uma literatura parajornalística, como é o caso dos romances-reportagem de José Louzeiro, Aguinaldo Silva, Valério Meinel ou dos contos-verdade de João Antônio, Murilo Carvalho, Wander Piroli.

Esta ficção de mãos dadas com o jornalismo foi a que encontrou maior sucesso popular e a que reuniu talvez o maior número de fiéis praticantes nos últimos dois decênios. Coube a ela *retratar* um Brasil nem sempre visível a olho nu e inenarrável pela grande imprensa. E criar para o escritor uma imagem que oscila entre marginalidade semelhante à dos personagens que representa e o heroísmo de um "Robin Hood" de classe média que se imagina sempre ao lado "dos fracos e oprimidos".

Exemplar, nesse aspecto, é um conto como "Excelentíssimo", incluído em *Dedo-duro* (1982), de João Antônio. Nele se narram as andanças de um personagem, a que se chama apenas de "poeta", pelas praças, ruas e bares da cidade com jeito meio desprezivo para com populares ("O povo-povo, povão, era grosso, inconveniente, detestável."), boêmios, desocupados e gente sem dinheiro ("Promiscuidade, chulice. *Bookmakers*, expedienteiros, viciados em corridas, viradores, artistas pobres e gente sem quê nem para quê. Inconvenientes, barulhentos. Tocou dali, nariz torcido."). O narrador chega a carregar nas tintas para que se tenha a impressão de que há uma grande distância entre o "poeta" e as pessoas com quem esbarra pela rua. "Faria águas em Cambuquira ou Serra Negra; desceria ao litoral? Ilha Bela, São Sebastião, Caraguatatuba? Ah, a cidade e suas decorrências dinheiristas o abafavam. O poeta sentia gana de se refugiar no verde, no azul." (*4*, p. 76), lê-se em determinado momento. E, ao final da narrativa, no exato momento em que parecia se completar esse perfil "nobre", "distanciado", do "poeta" que se encaminha, senhorial, para sua "limusine", uma surpresa: é apanhado pela polícia, tratava-se apenas de um ladrão de automóvel. Entre o "poeta" e a "gentinha", pouca diferença, portanto. Sobretudo num texto interessado em torná-los análogos; em apresentar o escritor como um "igual" daqueles que toma por objeto de suas narrativas. Sobretudo numa literatura que se crê retrato e cada vez mais se aproxima da "crônica jornalística". Como é o caso dos contos-notícia e romances-reportagem de 70.

Na opinião de Silviano Santiago, em "Repressão e censura no campo das artes na década de 70", esta trilha narrativa manteria talvez "um laço mais estreito com a censura e menos afetivo com a literatura, visto que a sua razão de ser está no nomear o assunto proibido e no despojar-se dos recursos propriamente ficcionais da ficção." (*59*, p. 53)

Como no jornal, o interesse explicitado por tais obras é informar. E informar segundo prescreve a "ideologia da objetividade jornalística": com um texto que pareça neutro e no qual chame mais a atenção o fato que a maneira de narrá-lo. Nesses romances e contos lemos sobre o Esquadrão da Morte, o menor abandonado, sobre crimes " mal contados" na grande imprensa, histórias de traficantes, bandidos, pivetes, perseguições policiais. São, na verdade, grandes reportagens cujo único traço especial é saírem em livro e não em jornal. E cujos recursos literários, bastante precários, resumem-se, em geral, a um estilo direto, objetivo, e a uma supervalorização da alegoria. Os crimes narrados nos romances via de regra apontam para a sociedade brasileira como um todo, os marginais para aqueles que sofreram marginalização nos anos de repressão, e assim por diante. Fotografa-se o caso policial singular, mas para retratar assim o país inteiro. Este é o procedimento usualmente empregado pela ficção brasileira dos anos 70.

A alegoria e suas cartas marcadas – É interessante, nesse sentido, observar um texto como *Mês de cães danados,* de Moacyr Scliar. Não é literatura jornalística como a de um José Louzeiro. Mas se constrói, como os romances-reportagem, sobre os mesmos pilares alegóricos, sobre idênticas simplificações. No livro de Scliar, tendo como pano de fundo a renúncia de Jânio Quadros, narra-se a história de um filho de latifundiários e seu processo de paralisia, impotência. Mas o que se está discutindo mesmo é a impotência política que assolou o país. Passa-se do caso particular à totalidade bem rápido. E graças a uma via segura: a alegoria.

Do mesmo modo, seria possível perceber simplificação semelhante em romance de outro gaúcho, Érico Veríssimo. Trata-se de *Incidente em Antares*, geralmente definido como fantástico e situado num pólo oposto ao do naturalismo. De fato, sua direção não é muito diversa da dos romances-reportagem. Exagera-se aí um pouco nas cores, mas, ao olhar, percebe-se que a foto é a mesma. E o que se acha *fotografado* por Érico Veríssimo? O incidente mencionado no título é uma surpreendente ressurreição dos mortos na localidade de Antares, cuja movimentação, cujas ações passam a nortear a vida de toda a comunidade. Trata-se, porém, de uma parábola, como não é difícil perceber.

Tal incidente serve de representação literária para o golpe militar de 1964. Seus responsáveis, mortos redivivos como os de Antares, comandariam o destino do país. Como Antígona, Érico Veríssimo sugere que sejam enterrados. Do contrário não se teria descanso. Esta a moral do romance. Para o leitor, poucas dificuldades. É fácil encontrar a chave deste tipo de parábola, como das alegorias da literatura jornalística. Mesmo porque elas são uma carta marcada na prosa literária pós-64.

Sobre romances como *Incidente em Antares* e grande parte do realismo mágico de 70, nele incluído J.J. Veiga e dele excluída a prosa melhor realizada de um Murilo Rubião, seria possível dizer como Luiz Costa Lima em "O conto na modernidade brasileira":

> O alegórico contém uma dificuldade específica: se ele permitir a pura transcrição tipo "isso significa aquilo", o isso, ou seja, a narrativa, se torna inútil, casca de fruta que se joga fora. Para assumir significação, o fantástico necessita criar uma curva que o reconecte com o mundo. Se, entretanto, esta curva tornar-se a única, persistirá a significação com o apagamento de sua fonte. Para se manter, a alegoria precisa ser plural. (*37*, p. 207)

Mas as alegorias tanto dos romances-reportagem neonaturalistas, quanto do fantástico, dão bem pouca margem à pluralidade. A significação do texto é determinada autoritariamente. Às vezes antecede inclusive a leitura. Pouco importa o texto em questão, sabe-se, ao lê-lo, que se deve ampliar sua abrangência e ver em cada *história* particular toda a *História* brasileira recente. O mesmo acontece com parábolas como a de Érico Veríssimo e as de J.J. Veiga, e com os romances jornalísticos de Aguinaldo Silva e José Louzeiro. A mesma chave mestra político-referencial abre todas as portas. E une naturalismo e fantástico num idêntico projeto estético: o de uma literatura cujo eixo é a referência e não o trabalho com a linguagem, é o recalque da ficcionalidade em prol de um texto predominantemente documental.

A armadilha documental – O documento funciona como uma poderosa armadilha para a literatura desses anos de autoritarismo militar. E quando pensa escapar por meio de textos menos literais, mais mágicos, uma parte menos evidente da armadilha pode aprisioná-la. Como a estratégia da cooptação no que diz respeito aos intelectuais, o fantástico tem servido de "distensão" ao naturalismo estrito da ficção brasileira.

Se a cooptação é a cara-metade da censura, o mesmo se pode dizer das relações entre as parábolas e reportagens romanceadas. Enquanto a censura trabalha por supressão, negação, e a cooptação pelo incentivo a uma produção dirigida, no terreno literário se pode dizer que o texto parajornalístico exige objetividade, ligação direta entre as imagens e seus significados, corte dos "excessos" ficcionais, e que o fantástico, ao contrário, trabalha com o barroquismo, os circunlóquios, imagens e palavras em constante proliferação. Aparentemente procedimentos diferentes: um sinal de menos para a linguagem, de um lado; um sinal de mais para as "figuras" literárias, de outro; negação ou proliferação. Quando, no entanto, tal proliferação está a serviço de uma chave mestra referencial e não de uma pluralidade de significados, trata-se unicamente da "vontade de verdade" dos naturalistas com outra roupagem.

Veja-se, por exemplo, como a armadilha é eficiente num conto como "Casa de Vidro", de Ivan Ângelo. Eis a breve história que inicia o conto:

> Houve protestos.
> Deram uma bola a cada criança e tempo para brincar. Elas aprenderam malabarismos incríveis e algumas viajavam pelo mundo exibindo sua alegre habilidade.
> (O problema é que muitos, a maioria, não tinham jeito e eram feios de noite, assustadores. Seria melhor prender essa gente – havia quem dissesse.)
> Houve protestos.

> Aumentaram o preço da carne, liberaram os preços dos cereais e abriram crédito a juros baixos para o agricultor. O dinheiro que sobrasse, bem, digamos, ora o dinheiro que sobrasse!
> Houve protestos.
> Diminuíram os salários (infelizmente aumentou o número de assaltos) porque precisamos combater a inflação e, como se sabe, quando os salários estão acima do índice de produtividade eles se tornam altamente inflacionários, de modo que.
> Houve protestos.
> Proibiram os protestos.
> E no lugar dos protestos nasceu o ódio. Então surgiu a Casa de Vidro, para acabar com aquele ódio. (*3*, p. 171)

Como se percebe pelo título, o conto descreve a construção e o modo de funcionamento desta Casa de Vidro. Primeiro como local de exibição de interrogatórios e cenas de tortura; mais tarde, colada à paisagem, vigilância invisível mas constante. O conto foi publicado em 1979. Qualquer semelhança com a política de "distensão lenta e gradual" não é mera coincidência. Se houvesse alguma dúvida, esta gênese da Casa com que se inicia o texto seria de molde a resolvê-la. Qual é o "país do futebol"? Facílimo: o Brasil. Quando ficaram proibidos os protestos? Com o regime militar. Como evitá-los? Censura, tortura, prisão. Tais questões sequer se colocam para quem lê o texto pela primeira vez. A referencialidade é tão direta que a única interrogação possível do leitor é no sentido de saber por que Ivan Ângelo se utilizou de linguagem figurada se era para torná-la quase denotativa, para apagá-la completamente.

A armadilha da parábola é, pois, igualmente perigosa. Torna o narrado solene, sem humor. Não há susto algum possível para quem lê um texto como este de Ivan Ângelo. E, discretamente como a "Casa de Vidro", isto o torna esteticamente compatível com o discurso autoritário. Em comum, idêntica dificuldade em nomear as coisas. Daí, a paixão pela alusão. Em comum, também, a rejeição da dubiedade, o privilégio do significado único e da referencialidade a um real pouco problematizado.

A trilha do delírio – Se depoimentos, parábolas e documentos parecem tão pouco capacitados a responder criticamente seja ao autoritarismo dominante na vida política, seja às tradições personalistas, oratórias e naturalistas da literatura brasileira, trata-se, então, de encampar a idéia de "vazio cultural", verdadeiro lugar-comum quando se fala das duas últimas décadas? Tomando ao pé da letra a expressão, já seria possível negá-la. Não houve vazio, houve um volume significativo de publicações. É só pensar na recente ampliação do mercado editorial no Brasil, possível graças à conquista de público realizada nos anos 70. Por outro lado, se estas vias privilegiadas pela ficção brasileira demonstram esgotamento e certa acomodação estética, nem todos os seus produtos têm sido de má qualidade.

Basta pensar no aproveitamento do "realismo mágico" por Murilo Rubião, nos já mencionados *Em liberdade* e *Me segura qu' eu vou dar um troço*, na qualidade dos dois primeiros volumes de memórias de Pedro Nava, no experimentalismo do *Catatau* (1976), de Paulo Leminski, num romance como o cruel *A hora da estrela*, de Clarice Lispector, na maior parte dos contos de Caio Fernando Abreu, Samuel Rawet, Rubem Fonseca, Sérgio Sant'Anna ou João Gilberto Noll. Ou na capacidade revelada por Haroldo de Campos em *Galáxias* de tensionar ao extremo os limites mesmos da prosa, da trama e da verossimilhança realista tão cara à nossa ficção. Porque em *Galáxias* não se trabalha com a referencialidade, mas com o artesanato da palavra, nem com a fábula, mas sim com a redefinição da idéia mesma de livro:

> como quem está num raio a fábula neste livro é um mero regime de palavras e o que conta não é o conto mas os desvios e desacordes os vícolos e vielas os becos e bitesgas os cantos e as esquinas os bívios e os trívios os quadrívios dessa escura suburra de palavras que emite funiculares e raízes aéreas que sacode esporos e pólens numa germinação de fécula apodrecida e matéria albuminal

Não há enredo ("um livro pode ser uma fahrkarte bilhete de viagem para uma aoléuviagem áleaviagem e tudo que se diz importa e nada que se diz importa porque tudonada importa"), a palavra e sua proliferação, traçada ora com régua e compasso, ora pelos passos do acaso, são o que conta nos fragmentos de Haroldo de Campos. As galáxias em questão, a viagem que se faz é pelo território mesmo do livro, da página, do jogo verbal com excessos e silêncios, repetições e fragmentos. Trata-se de "um livro onde tudo seja fortuito e forçoso um livro onde tudo seja não esteja seja um umbigodomundolivro um umbigodolivromundo um livro de viagem onde a viagem seja o livro o ser do livro é a viagem". Viagem "fortuita e forçosa" num território bem pouco percorrido pela prosa naturalista e biográfica dos anos 70: a linguagem.

Outro a percorrê-lo foi José Agrippino de Paula, sobretudo em *PanAmérica* (1967). Só que no caso de José Agrippino o trabalho com a proliferação e o excesso se faz noutra direção. Tanto *PanAmérica* quanto *Lugar público* (1965) passam bem longe da estética do fragmento que norteia as *Galáxias*. E parecem dialogar diretamente com a crescente transformação do país, principalmente a partir dos anos 60, numa sociedade do espetáculo. *PanAmérica* mimetiza inclusive o ritmo da narrativa cinematográfica. E a aceleração vertiginosa por que passa o tempo numa sociedade em processo de "modernização". Só que, levada quase ao delírio, funciona no romance de Agrippino como um meio de desautomatizar, no leitor, sua própria aceleração e essa estética do espetáculo que vai sendo, aos poucos, assimilada por ele. E, na tentativa em abismo de capturar o instante, José Agrippino impede o seu leitor até de levantar os olhos da página. Não há paradas, nem interrupções no fluxo verbal. Não se pode nem respirar. É quase como se a leitura se tornasse tão ofegante e exasperadora quanto este processo narrativo autodefinido da seguinte maneira em *Lugar público*:

> Eu estou preso ao imediato. Este instante. Este instante. Os ruídos isolados da máquina de escrever. O presente faz com que eu . . . a voz da bibliotecária. Escrevendo com uma caneta esferográfica de tinta azul, presa entre os dedos, os dedos ligados à mão, a mão ligada ao antebraço, o antebraço ligado ao braço, o braço ligado ao ombro, o ombro ligado ao tórax, o tórax ligado ao tronco, o tronco ligado ao corpo, o corpo ligado à cadeira, a cadeira ligada ao solo, o solo ligado à terra, a terra ligada . . . (*48*, p. 175)

Vertigem que domina igualmente o narrador sempre em trânsito de *PanAmérica*, onde se leva às últimas conseqüências um jogo com a proliferação de imagens, figuras *pop*, personagens que aparecem e desaparecem, como Marilyn Monroe e Harpo Marx ("e entre dois japoneses surgiu Harpo Marx. Eu procurei fugir das mordidas que Harpo me dava no pé. Eu empurrava para trás Harpo com um livro, e procurava me proteger, enquanto introduzia entre os gordos italianos, com um livro a minha perna que era mordida por Harpo Marx", *47*, p. 66), e com uma ação, um fluxo narrativo que não podem parar.

Outra é a trilha, por exemplo, de um Raduan Nassar. E sua bela utilização da linguagem da parábola em *Lavoura arcaica* lembra bem pouco as cartas marcadas no gênero. Trata-se da história do filho pródigo contada mais uma vez. Afinal, "estamos indo sempre para a casa", como diz o narrador do romance, citando Novalis. Mas isso não é o mais importante: a fuga ou a volta por si. O fascinante em *Lavoura arcaica*, como noutra novela do mesmo autor – *Um copo de cólera*, é o jogo envolvendo uma ação narrativa reduzida quase ao ponto zero (ao contrário de Agrippino), um aumento vertiginoso dos parênteses, de falas que se sucedem quase sem parágrafos, vazios e intervalos capazes de torná-las menos abafadas, de palavras que se multiplicam torrencialmente; numa bela tensão entre o não-dito (plural) e o vivido, o presente do texto (restrito), entre a imobilidade no contexto da ação e a rapidez com que se sucedem os mais diversos acontecimentos e sensações no plano imaginário. E a possibilidade sempre presente de os dois planos se cruzarem com resultados inesperados.

Modesto Carone também trabalha com tensão semelhante, mas em textos mais curtos, densos, onde a noção habitual de realidade fica em perigo e o leitor se vê obrigado a alargá-la, ao contrário do que acontece na maior parte da ficção dos dois últimos decênios. Tomemos como exemplo apenas um breve parágrafo de "Utopia do jardim de inverno por um doutor em letras", texto que faz parte de *As marcas do real* (1979):

> Um olhar capaz de discernimento não se satisfaz com a impressão de repouso, mesmo que ele seja o de uma simples planta do deserto. Não há nada mais parado, na verdade, do que um cactus mexicano. Mas é evidente que essa insensibilidade, tantas vezes confundida com desligamento do mundo, não passa de uma miragem: basta ver que seu teor intratável se deve justamente à existência de espinhos apontados para fora. (*17*, p. 129-130)

Parábolas secas, sem chave, os textos de Modesto Carone têm por objeto espaços milimétricos, períodos de tempo curtíssimos, questões preferencialmente sem importância. O crescimento dos pêlos do próprio corpo, o momento de fazer a barba, a observação de um pequeno jardim de inverno, como no trecho em questão. Nele, a descrição de um simples cactus vira um *thriller*, sua aparente imobilidade se torna ameaçadora como os espinhos que apontam para fora. Instantâneas estranhezas: este o efeito da prosa breve de Modesto Carone. E não só porque redimensione o real ("Esse modo de entender o cruzamento de imobilidade e estado de alerta merecia ser mais explorado"), mas principalmente porque opta pela elipse, coisa tão incomum em meio à "tradição de tagarelas" da literatura brasileira.

Uma literatura tão acostumada à dicção oratória e à redundância que sua resposta aos vetos autoritários poucas vezes passou por um "procedimento menos" (para usar expressão de Haroldo de Campos), pela elipse e por uma paixão pela lacuna, pelo texto em suspenso, hesitante, como os de Ana Cristina Cesar (em *Correspondência completa* e *Luvas de pelica*), Angela Melin, Torquato Neto, Waly Salomão. Ou, via de percurso extremamente difícil, pelo mergulho na loucura, no delírio, no pânico, caminho que se inicia ainda em princípios dos anos 60 com as anotações contidas em *Hospício é Deus* e os breves contos de *O sofredor do ver* (1968) de Maura Lopes Cançado, inclui ainda, já em 1970, o diário de Engenho de Dentro de Torquato Neto, e, mais tarde, alguns dos textos de *Saudades de Copacabana* (como "História antiga") de Sérgio Santeiro.

Seria, no entanto, em romances como *Armadilha para Lamartine* (1975), de Carlos Süssekind de Mendonça Filho, e *Quatro olhos* (1976), de Renato Pompeu, que esta trilha se tornaria especialmente tensa e, abandonando em parte o caráter de simples registro biográfico ou de diário hospitalar, encontraria forma propriamente literária. E é esta tematização da loucura que, abrindo espaço para contradições, paradoxos, duplicidades e um olhar *de fora* "do mundo dos brancos" para a família e a sociedade brasileiras, vai permitir que, no momento mesmo de maior sucesso da literatura parajornalística, se reafirme, contra a corrente, a idéia de ficcionalidade e se problematize a própria figura do narrador. Caminho tenso e difícil, como se adivinha no breve "claro-escuro" de Duda Machado:

estava tão lúcido
que era um suicídio

Não é difícil, pois, entender a preferência pelos retratos falados do país e da própria subjetividade em estilo abundante e ritmo oratório. Neles não se acham em perigo identidades, nacionalidades, nem o próprio gesto de escrever. Neles fala-se de medos individuais ou coletivos, mas não se deixa que eles invadam o próprio texto. A literatura-verdade, com suas certezas, pode falar de abismos, mas jamais se debruça demasiadamente sobre eles.

A literatura do eu

Onde se lê poesia, leia-se vida – Se a prosa literária pós-64 evitou cuidadosamente maiores intimidades com abismos, já a poesia do período chega a se autodefinir como "na corda bamba". Vejamos pelo poema de Antônio Carlos de Brito (Cacaso) que leva este título o que a prende de cada lado:

Poesia
eu não te escrevo
eu te
vivo
e viva nós!

Entre arte e vida: aí se equilibra a poesia brasileira dos últimos anos. Equilíbrio às vezes precário como nesta poética de Antônio Carlos de Brito onde o privilégio de um dos lados é patente: "eu não te escrevo". Como patente é o privilégio do *ego* que se balança, via poesia, nesta corda. São as vivências cotidianas do poeta, os fatos mais corriqueiros que constituirão a matéria da poesia. "Dá um flagra no ego/dispara", lê-se no poema "take" de Ledusha, uma espécie de "receita" do fazer poético do período. De que são exemplares observações como esta, contida num dos poemas das *Polonaises* de Paulo Leminski:

moinho de versos
movido a vento
em noites de boemia
vai vir o dia
quando tudo que eu diga
seja poesia

Este *eu*, no entanto, em que parece se centrar a produção poética dos anos 70, não é idêntico àquele dos depoimentos, biografias e memórias. Aliás, sequer presta reverência à memória, como se percebe no poema de uma linha só de Júlio Castañon Guimarães, "finados": "também a memória tem seus dias contados". Espécie de epitáfio crítico para a voga memorialista, o poema de Júlio Castañon parece enfatizar que a dimensão temporal da poesia do período passa bem longe da memória e seus ciclos. E muito mais próxima do instante, do minuto, do registro do que está "no ar". Um pouco como se os textos se escrevessem de passagem, obedientes aos jogos fortuitos do acaso. Como explica Chacal em "Compondo":

pego a palavra no ar
no pulo paro
vejo aparo burilo
no papel reparo e sigo
compondo o verso

Poesia é, então, uma mistura de acaso cotidiano ("pego a palavra no ar") e registro imediato ("no pulo aparo"), submetidos, no entanto, a uma instância todo-poderosa que, neste poema de Chacal, se apresenta oculta: o "eu". Nele se lê: "pego", "pulo", "paro", "vejo", "aparo", "burilo", "reparo", "sigo". Todos os verbos devem necessariamente apontar para uma primeira pessoa verbal que, entretanto, nem precisa estar presente explicitamente no texto. O leitor dos anos 70 já sabia: quem jogava assim com a palavra era o "ego malandro" desses poetas que acreditavam transformar, no pulo, tudo o que tocavam em poesia. Daí, a ode à "unha do pé" entoada por Chacal em "Deixa pra lá": "sabe essas unhas do pé/que a gente tira com a mão/pra ficar brincando? pois é/naquela loucura toda/perdi a que mais gostava." Ou a transformação, rápida e rasteira, de Ledusha, da poesia em menina de recados, como em "Deslavada": "meu querido antônio/não pude ir/pneu furou/não sei trocar". Não importa a elaboração literária, composição é jogo rápido, pulo, flagra, *take*, mas sempre a serviço de uma expressividade neo-romântica, "sincera" e coloquial, desse ego que escreve e que "se escreve" todo o tempo.

Na prosa de ficção, a instância que determinava as significações não era, à época, o sujeito literário propriamente dito, mas sim a referencialidade. Como um romance-reportagem ou uma parábola, que deviam ser lidos como análogos a um real predeterminado, também a "prosa do eu" devia ser encarada como referência a certo sujeito biográfico. Já no caso da "poesia do eu", não há tanta paixão pelo verossímil. Ao contrário, desconfia-se dele como de tudo que pareça lógico. Basta lembrar o "Vida e obra", de Cacaso:

você sabe o que Kant dizia?
que se tudo desse certo no meio também
daria no fim dependendo da idéia que se
fizesse do começo

e depois – para ilustrar – saiu dançando um
foxtrote

Entre Kant e o acaso, fica-se com o segundo. Entre lógica e humor, reflexão e auto-expressão, também. Pois não é a referência o mais importante nessa comunicação poética, mas sim a expressão de uma subjetividade tão onipotente que se permite afirmar que "vai vir o dia/quando tudo que eu diga/seja poesia", como no poema de Leminski.

Midas do eu, na poesia; midas da poesia no cotidiano: este o projeto poético explicitado com convicção semelhante por poetas a rigor marcados por grandes diferenças como Leminski e sua afinidade com a estética construtiva dos concretos ou Cacaso e sua dicção bem mais próxima de um Manuel Bandeira ou um Murilo Mendes, mesclada a explícita ojeriza pelo concretismo, tematizada no conhecido "Estilos de época":

Havia
os irmãos Concretos
H. e A. consangüíneos
e por afinidade D.P.,
um trio bem informado:
dado é a palavra dado
E foi assim que a poesia
deu lugar à tautologia
(e ao elogio à coisa dada)
em sutil lance de dados:
se o triângulo é concreto
já sabemos: tem 3 lados.

Sobre tal ojeriza comentava Luiz Costa Lima em artigo publicado em julho de 1978 na revista *José* nº 10: "a grande poesia brasileira da década de 1960 (refiro-me a Cabral e aos concretos) alimentou-se da negação do cotidiano – no que ele tinha de trivial – e do lirismo – enquanto confessionalismo. Dentro desses parâmetros, cotidiano e lirismo eram matérias excluídas do propósito privilegiado da *construção*". Ao invés da construção, privilegia-se, nos anos 70, a *expressão*. Por isso, na opinião expressa por Costa Lima à época, a rejeição tão enfática dos concretos: "Na década que vivemos, nas múltiplas dicções dos poetas que surgem (e desaparecem), cria-se uma implícita suspeição, até mesmo hostilidade, ante aquelas exclusões (do lirismo e do trivial)".

Não é de estranhar, então, que a poesia "na corda bamba" de 70 também trabalhasse com algumas "exclusões". O que fica patente, por exemplo, num depoimento de Ana Cristina Cesar a Carlos Alberto Pereira por ele incluído no seu *Retrato de época* (1981) e do qual se transcreve pequeno trecho:

> Me lembro de uma frase típica do Cacaso (...) ele era o 'bom leitor', o 'classificador' e, uma vez, eu li (pra ele) um poema meu que eu tinha adorado fazer (...) e o Cacaso olhou com olho comprido (...) leu esse poema e disse assim: 'É muito bonito, mas não se entende (...) o leitor está excluído'. Aí eu mostrei também o meu livro pro Cacaso e (ele) imediatamente... quer dizer, aqueles 'diários' da antologia (*26 poetas hoje*) eram dois textos de um livro de 50 poemas... (e ele disse): 'Legal, mas o melhor são os diários, porque se entende... são de comunicação fácil, falam do cotidiano'. (*49*, p. 229)

Tomando-se aí o juízo crítico de Cacaso como exemplar da sensibilidade poética de sua geração, percebe-se que a preferência pelos diários, pela poesia do cotidiano e por uma ligação mais "fácil" com o leitor não aponta, na realidade, para uma avaliação da produção de Ana Cristina em meados da década passada, mas fundamentalmente para aquelas que passariam a ser as "regras privilegiadas" no exercício poético. E privilegiadas não apenas pelo grupo carioca de "poesia marginal", mas por figuras a rigor dele bem diferenciadas, como Leminski, também.

A edição independente – Uma idêntica trajetória em direção ao cotidiano e à própria subjetividade marcada por uma opção editorial também semelhante: a impressão, o projeto gráfico e a distribuição fora das grandes editoras e livrarias, o controle de todo o processo de produção do livro pelo autor, a venda realizada pessoalmente em livrarias pequenas, bares, teatros e cinemas. Num artigo publicado na revista *Argumento* de janeiro de 1974, Heloísa Buarque e Cacaso explicavam da seguinte maneira o aparecimento da estratégia da "edição independente":

A capitalização crescente do nosso mercado editorial tem significado para os novos autores um fechamento sistemático das possibilidades de publicação e distribuição normais. Na tentativa de superar este bloqueio que os marginaliza, tais autores são levados a soluções que por mais engenhosas são sempre limitadas. Já há quem fale de uma 'geração do mimeógrafo', de uma poesia pobre, que se vale de meios os mais artesanais e improvisados de difusão, num âmbito necessariamente restrito.

Marginalizados, pois, previamente pela dificuldade de acesso às grandes editoras ou insatisfeitos com o tipo de público e de livro por elas visados, passa-se, então, a caminhar conscientemente "à margem" do mercado tradicional. Opção que, segundo Ana Cristina Cesar e Ítalo Moriconi Jr., em matéria publicada no *Opinião* de 25 de março de 1977, teria uma "dupla face":

> Contingência imposta pelo sistema editorial fechado, constituiria passagem provisória do autor desconhecido, que secretamente talvez desejasse o selo da boa editora, a distribuição mais ampla e os olhares da instituição. Seria como que o passo inicial necessário para a criação de um primeiro círculo de leitores, a editora tomando posse do processo na medida do reconhecimento do escritor. Já a outra face do marginal implica a formação de um circuito paralelo de produção e distribuição de textos, em que o autor vai à gráfica, acompanha a impressão, dispensa intermediários e, principalmente, transa mais diretamente com o leitor. Nessa perspectiva, através do circuito paralelo, o autor pretende aproximar-se do público, recuperar um contato, tomar posse dos caminhos da produção. Recuperar talvez um certo caráter artesanal, a lição do cordel. Recusar o esquema de promoções, a despersonalização da mercadoria-livro, a escalada da fama.

Ana Cristina e Ítalo tiveram a inteligência de perceber, ainda em 1977, sob o impacto do sucesso da antologia *26 poetas hoje*, publicada por Heloísa Buarque no ano anterior, as ambigüidades com que passaria a se defrontar a partir de então a opção marginal. Entre o "trampolim" para uma grande editora e a persistência num esquema alternativo de produção. Divisão que se apresentaria de maneira mais nítida no início dos anos 80, quando Chico Alvim, a própria Ana Cristina, Leminski, Chacal, Alice Ruiz e, mais tarde, Cacaso seriam convidados pela Editora Brasiliense para reunir em volume seus livros editados inicialmente de forma independente. O que se realizaria com bastante sucesso de público. E com a ampliação do número de interlocutores potenciais de seus textos de cerca de 500 "conhecidos" para dez, quinze mil pessoas.

Isso, no entanto, só viria a acontecer na década de 80. Durante os anos 70, a segunda alternativa – a marginalidade – foi a dominante. Optou-se, efetivamente, na área de poesia, pela criação de um circuito cultural alternativo. Escolha semelhante à realizada noutras áreas também. Como no teatro, onde se multiplicaram então os "grupos experimentais" ou no cinema, onde se começou a optar pelo super-8 ou pelos orçamentos reduzidos. Uma espécie de reação em cadeia diante da crescente intervenção estatal no campo da cultura principalmente depois de 1975. "É exatamente num momento em que as alternativas fornecidas pela política cultural oficial são inúmeras que os setores jovens começarão a enfatizar a atuação em circuitos alternativos ou marginais" (*26*, p. 96), comenta Heloísa Buarque de Hollanda em *Impressões de viagem*.

E, na opinião de Heloísa Buarque, é neste "modo de produção" que reside talvez a maior contribuição da "poesia marginal" ao panorama literário da última década:

> Mais do que valores poéticos em voga, eles trazem a novidade de uma subversão dos padrões tradicionais de produção, edição e distribuição de literatura. Os autores vão às gráficas, acompanham a impressão dos livros e vendem pessoalmente o produto aos leitores. Pretendem assim uma aproximação com o público, recusando o costumeiro esquema impessoal das editoras ou as jogadas individualistas de promoção do escritor. Planejadas ou realizadas em colaboração direta com o autor, as edições de poesia apresentam uma face afetiva evidente. A participação do autor nas diversas etapas da produção e distribuição de seus livros determina um produto gráfico integrado, de imagem pessoalizada que ativa uma situação mais próxima do diálogo do que a oferecida comumente na relação de compra e venda de produtos. Começa, portanto, a poesia a entrar em cena estabelecendo um novo circuito para a literatura e criando um novo público leitor de poesia. (*26*, p. 97)

Outro sistema de edição, outro público e uma poesia em que se imprimem simultaneamente o rosto do autor e o perfil cúmplice daquele que folheia o seu livro num bar ou numa entrada de teatro, que detém referências afetivo-culturais próximas às suas e que é capaz de reconhecer o próprio cotidiano no que lê.

Um leitor cúmplice – O rosto do autor se desenha em toda parte: nos textos, no livro, na edição, na hora da venda. Aliás, talvez por isso a referencialidade não seja tão exigida nos textos. Se o autor está logo ali, na nossa frente, não é ao poema que se deve pedir comprovante de identidade. Agora o que se passa a exigir dos poemas é cumplicidade. Não é à toa que volta e meia os poetas se permitam confidências amorosas, intimidades ao pé do ouvido desse comprador potencial. Como nesse texto de Charles incluído no seu *Coração de cavalo* (1979):

lá vem ela costurar palavras
justificar o pique da nau espiroqueta
comunicar sua falta de tesão
me acordar no meio da catástrofe
          pra falar de ligações intelectuais
ligações intelectuais – baudelaire e cocaína
minha fama na esquina é não fazer nenhum mau

Citando canção da "Jovem Guarda" ("Minha fama de mau") e Baudelaire, uma vela ao leitor médio, outra ao leitor universitário, Charles parece oferecer ao seu público não apenas um livro, mas o papel de confidente. Não exatamente literatura, mas intimidade, confissão. Oferecimento que se tornava possível até pelo contato inicial cara a cara entre autor e leitor no momento mesmo da venda.

E se as relações entre os no máximo 500 leitores de cada tiragem destes livros feitos artesanalmente e seus autores se estreitam pelo contato pessoal na hora da venda, no texto procura-se intimidade semelhante. Daí, o tom de diário (pessoal ou geracional) de grande parte da poesia produzida nas últimas décadas no país. Ela parece obedecer a essa exigência quase amorosa de um tom íntimo, caseiro, no texto poético, assim como do autor se exige certo charme para que consiga vender seus livros mais facilmente.

A sensação do leitor é meio a de quem violasse correspondência alheia ou abrisse de repente o diário de alguém e, começando a lê-lo, percebesse estranhas semelhanças com o seu próprio cotidiano não escrito, vivido apenas. E, para obter esse efeito de reconhecimento imediato, essa resposta direta do leitor, foi preciso que o texto poético começasse a dialogar cada vez mais com os *media* e menos com o próprio sistema literário, cada vez mais com o alinhavo emocional do diário, com o instantâneo, com o registro, em *close,* da própria geração. "A biblioteca deixa de ser o lugar por excelência do poeta e o seu país é o *mass media*", dizia Silviano Santiago em 1975. E é entre referências cada vez mais freqüentes ao universo da televisão, da propaganda, dos quadrinhos, dos jornais populares, canções de sucesso e o detalhado relato do que se passa na rua, no cotidiano desses poetas sempre em trânsito que se vai estabelecendo um novo tipo de pacto, menos literário e mais confessional, com o leitor.

Dias, dias, dias – Nos textos, anotações rápidas, meio jogadas na página, como um caderno de notas que viesse subitamente a público do jeito que está. Textos às vezes preguiçosos, escritos meio a contragosto, pela simples obrigação do diário. Como este das *Polonaises* (1981) de Paulo Leminski:

hoje o circo está na cidade
todo mundo me telefonou
hoje eu acho tudo uma preguiça
esses dias de encher linguiça
entre um triunfo e um waterloo

Não se anota nada de especialmente precioso. Dias comuns, sem graça até. A poesia-diário dos anos 70 privilegia o trivial, o que não parece digno de lembrança ou menção. E, nesse sentido, contradiz o memorialismo dominante na prosa. Se nele as lembranças dizem respeito a fatos políticos marcantes, envolvem personalidades conhecidas, acrescentam informações à história dos períodos enfocados; o registro poético do cotidiano, ao contrário, parece descartar o notável, abisma-se com os sentimentos mínimos, os pequenos desejos, as mudanças milimétricas. Daí, a redefinição do "acontecimento" empreendida por Armando Freitas Filho em *À mão livre*:

Os dias são as notícias
                    mínimas
invisíveis a olho nu,
acontecendo nas entrelinhas,
nas páginas de poeira e ventania
de um jornal nenhum?

Daí, a aparente imobilidade do cotidiano neste poema do livro *Cabeças* de Eudoro Augusto:

a rotina caminha com a chuva
que molha o cabelo das meninas na rua do comércio
e mata de tédio as que ficam trancadas em casa
os poetas as putas e os guardas do parque
um dia como quem precisa achar emprego
mas acaba bebendo e jogando sinuca
como quem acorda com decisões definitivas
e entra distraído em qualquer cinema no meio da tarde

Ritmo lento, não há marcos de aceleração do tempo no dia-a-dia. Não há passagens nem mudanças bruscas. Como num diário ou numa agenda pessoal, as pessoas e situações se repetem indefinidamente, sem que se percebam de modo muito claro as infinitesimais diferenças que penetram no cotidiano. O texto, a vida, em ponto morto. De certa maneira essa modorra se assemelha a uma experiência de prisão, só que com sinuca e cinema de tarde. Chico Alvim sintetiza bem este ponto morto num poema significativamente chamado "Diário" e composto de um único verso:

O nada a anotar

Mas, às vezes, até nesse registro de fatos sem importância aparente há a possibilidade de um susto. Como noutro "Diário" de Chico Alvim, este com anotações mais longas:

O dia que traz consigo?
Arcas, roupas de baixo
livros sem capa
versos alambicados
sapatos a que faltam cadarço
vogam pelo quarto
batem desencontrados
fazem um barulhão
dos diabos
que acorda os vizinhos

A princípio este poema parece repetir, com mais palavras, o outro de título idêntico. "O dia que traz consigo?" A resposta é uma lista banal (arcas, roupas, livros, versos, sapatos) interrompida abruptamente pela vida adquirida de súbito pelos "sapatos a que faltam cadarço". Do silencioso registro de objetos de uso pessoal passa-se ao "barulhão dos diabos" produzido por sapatos que "vogam pelo quarto", junto aos outros objetos, agora móveis, e que passam a bater uns nos outros, "desencontrados". A começar pelo último pertence da lista, todos os demais se tornam passíveis de movimentação por conta própria. Um apetrecho cotidiano como outro qualquer pode, pois, adquirir mobilidade pouco habitual e introduzir ruídos na modorra do "nada a anotar" de algum domingo.

Outra pele, pelica – Ritmo de domingo à tarde também é o de uma das anotações de *Luvas de pelica* de Ana Cristina Cesar:

> Blissful Sunday afternoon enroscada na cama. Quatro cobertores de verão ouvindo Top Forties no rádio da cabeceira. Sobrou um pouco de enjôo do curry do almoço. Passando loção de vaselina. Prestando atenção sem querer na porta do banheiro que bate será que ele sobe pra me ver. Lendo *Class* meu olho pensa em figuras complicadas, descaradas, excitadas, milhares de minúcias subindo colunatas ou atendendo as núpcias das três noivas art nouveau ofélia salomé esfinge escalando édipo entre rochedos.
> Meu olho pensa mas esquecerei depressa blissful Sunday afternoon às vezes chove uma pancada e pára.

Ao contrário do que acontece no poema de Chico Alvim, esta tarde de domingo de *Luvas de pelica* é *blissful*. Nela a ação está reduzida a um grau zero. "Ouvindo", "lendo", "prestando atenção sem querer": os gerúndios permitem ao texto narrar-se de fora, sem indicações excessivas de primeira pessoa. Sem "eus" em demasia. O dia parado, a tarde de domingo na cama, o cenário imóvel possibilitam um exame quase impessoal da personagem deste diário. O sujeito se ausenta discretamente do texto e passa a descrever-se. O leitor é forçado, mesmo que isto corte o seu prazer de *voyeur*, a distanciar-se. Não há pactos biográficos ou geracionais. Diário mais literário do que íntimo. E se o próprio sujeito poético se divide ("E mais não quer saber/a outra, que sou eu,/do espelho em frente.") e, de longe, se narra; amplia-se assim também a distância de um leitor ávido por intimidades e identificações. Desejos irrealizados porque "um olho que pensa" se utiliza da página do diário para observar-se com maior atenção, provocando no possível leitor mais estranheza do que cumplicidades.

E, quebrando com um lugar-comum da poesia da última década, o que se lê em *A teus pés*, reunião de parte da produção poética de Ana Cristina Cesar, não é bem uma "poesia do eu". Trata-se, aí, de levar ao limite experiências poéticas em torno da subjetividade e do texto confessional. Só aparentemente os textos de Ana Cristina nos fazem revelações. Veja-se este trecho do "Jornal íntimo":

> Nossa primeira relação sexual. Estávamos sóbrios. O obscurecimento me perseguiu outra vez. Não consegui fazer as reclamações devidas. Me sinto em Marienbad junto dele. Perdi meu pente. Recitei a propósito fantasias capilares, descabelos, pêlos subindo pelo pescoço. Quando Binder perguntou do banheiro o que eu dizia respondi "Nada" funebremente.

Este é um texto bem mais carregado de "marcas de ego" do que a anotação da tarde de domingo citada anteriormente. E só o teor do que é narrado ("Nossa primeira relação sexual...") já é de molde a supor confissões, voz baixa, segredos. A impressão é, de novo, de cumplicidade como em grande parte dos textos poéticos de 70, que parecem ter absorvido dos anos de sufoco a paixão pela conversa íntima, sussurrada. Mas, na anotação do "Jornal íntimo" de Ana Cristina, a inclusão de um comentário absolutamente corriqueiro ("Perdi meu pente") quebra um pouco o clima cúmplice do texto. Para isso contribui também o advérbio com que se encerra o trecho: "funebremente". Só pelo seu uso percebe-se que quem narra não consegue evitar uma breve auto-ironia, descartando as possibilidades dramáticas ou as identificações em cadeia que um ego que se expõe é de molde a provocar.

E se o leitor por algum momento se sente possuidor de inequívocas confissões pessoais, mais uma rasteira do livro: a intimidade é apenas um cartão-postal. A proximidade entre quem assina o texto e quem o lê é impossível. E não dá para reclamar. Fomos avisados. E pela própria metáfora que dá nome a um dos livros de Ana Cristina: *Luvas de pelica.* Aí fica bem claro como os diários não são escritos com "sangue, suor e lágrimas", mas com luvas. Entre o sujeito biográfico e o sujeito dos diários, uma barreira, portanto: a luva. E uma outra pele: pelica.

Nada mais afastado da poesia de Ana Cristina do que o desejo auto-expressivo de Ledusha ou Chacal. Nenhum parentesco possível entre a luva e a imagem da tatuagem usada por Ledusha ("minha história/tatuo em meu punho/para viver não faço/rascunho"). Ou entre as palavras que escorrem como sangue ("aqui vim, /para chamar sua atenção/para o sangue que corre/no canto da folha/bem no canto/ repare.../vermelho.../denso...") ou se imaginam duplos das sensações ("a palavra é o estágio/imediatamente after da sensação/que faz parte do estágio necessário/do aperfeiçoamento humano/de sentir a melhor maneira/de relacionamento franco") dos textos de Chacal e aquelas que se separam propositadamente delas por uma cobertura extra, a pelica.

A intimidade é uma ilusão de ótica, parecem dizer os diários de Ana Cristina. Neles o sujeito lírico veste luvas (de pelica) antes de iniciar a própria exposição. E só as tira ao final do livro. É inútil, portanto, imaginar que haja corações desnudados nesses diários. Neles não há nudez, até porque a crença na referencialidade biográfica pura e simples é impossível aí. Desnudar a quem se o sujeito se diz "literatura"? Diante da folha há apenas "um olho que pensa e esquece" e mãos sempre protegidas pela pelica. Assistimos, assim, a um redimensionamento do sujeito. Nos diários de Ana Cristina a subjetividade é antes de tudo *literária*, o que vai de encontro à obsessão biográfica por retratar-se, expressar a própria experiência cotidiana ou fazer de tudo que se diz poesia, tendência marcante na maior parte dos poetas brasileiros que se firmam na década passada.

Eu não sou eu – Ana Cristina Cesar contradiz a tendência, mas se utiliza de forma literária semelhante: o diário poético. No caso de um poeta como Carlos Saldanha, por exemplo, há idêntica aproximação, do ponto de vista gráfico sobretudo, desse privilégio das anotações apressadas, do caderno, do diário, tão característico na poesia da última década. Livros como *Ás de colete* (1979), *Visões do bardo* (1980), *Os mistérios* (1980) mais parecem cadernos escolares baratos, sem pauta, nos quais o autor inscreve, à mão, desenhos, poemas e histórias e ainda se diverte com as mais diversas colagens: de figurinhas, recortes de jornal, mapas, gráficos e paisagens insólitas. De certa forma, leva às últimas conseqüências o jogo da poesia marginal com o lixo, os resíduos do próprio cotidiano, com aquilo que cai de repente diante dos olhos e se registra apressadamente. Não é à toa, portanto, a dominância, nos livros de Carlos Saldanha, das anotações de próprio punho. Poucos são os textos escritos à máquina. E tematiza-se assim, via caligrafia, rabisco, desenho e colagem, exatamente a idéia de "marca pessoal" que norteia o projeto estético do período. Mas se o aspecto gráfico mesmo dos livros aponta nesse sentido, seus textos desmentem a expectativa de testemunhos "sinceros", escritos à mão. E estão bem mais próximos de mentirosos relatos de viagem, como o seu "Relembrando Gulliver" ("As pessoas que estavam longe ele pensava que eram anõezinhos, e até lhes queria mijar em cima. E os amigos, que chegavam perto, ele cismava que eram gigantes"), ou de paródias, cheias de *nonsense*, às histórias em quadrinhos e *cartoons*, do que de um registro biográfico-geracional do próprio dia-a-dia.

Carlos Saldanha chega mesmo a brincar explicitamente com essa paixão pelo biográfico, num breve texto-piada ilustrado por um desenho de Napoleão a cavalo:

> Biografia é um gênero literário de grande utilidade, por estimular o aprimoramento ético e profissional dos leitores. Professor Pimenta, o famoso biógrafo de Júlio César, Caramuru, Tiradentes, Napoleão, Balzac, Zepelin e tantos outros, gosta de interpelar as pessoas que encontra lendo seus livros.
> Assim, entrando num edifício de São Paulo, e surpreendendo o ascensorista com a sua famosa biografia de Napoleão, perguntou-lhe por que lia aquele livro. Respondeu-lhe então o Zé que, ao ler a vida de Napoleão, e de sua ascensão a partir de um humilde lar na Córsega, sentia que também ele, Zé, poderia a qualquer momento subir do térreo ao vigésimo sétimo andar. E unindo gesto a palavra, assim o fez, para grande admiração do Professor Pimenta.

Irônica viagem de elevador que chama a atenção para certas trapaças do pacto biográfico com o leitor. Ou como avisa noutro texto: "Existimos para servi-lo/Ilustríssimo Leitor e Amigo!.../(pois sim...)". Um "pois sim" que se assemelha a outros descartes bem mais contundentes do pacto de cumplicidade firmado pela poesia de 70 com seu leitor. Como o prefigurado por Sebastião Uchoa Leite no penúltimo texto de sua *Antilogia* (1979), "Hypocrite lecteur": "e aliás/meu não-semelhante/enfie/onde bem quiser".

Afirma-se essa "não-semelhança" ao mesmo tempo que se redefine o perfil do próprio sujeito poético. Como fazia Ana Cristina Cesar. E outros poetas, por outros caminhos, chegariam, também, a partir de fins da década passada a resultado parecido: a inclusão de um terceiro elemento no binômio "arte/vida" que serve de base à produção poética dos últimos anos. No que se refere a Ana Cristina, este terceiro elemento é nomeado metaforicamente "luva de pelica". Já em *Crescendo durante a guerra numa província ultramarina*

(1978), de Silviano Santiago, o elemento de crítica é o deslocamento temporal. O livro é uma espécie de diário também, mas dos anos 40. E diário cujo narrador é incerto. Alguns poemas são trechos tirados de jornais, de discursos políticos, histórias em quadrinhos. Muitos são citações literárias. Noutros, se é possível seguir o rastro de um sujeito autoral, é para esbarrar logo em seguida em suas máscaras. Como se lê em "O rei dos espiões":

Ninguém sabe o que se passa
por detrás dessa máscara de Batman,
por detrás dessa fantasia de Super-Homem.
Só o Sombra sabe.

Ora são máscaras de personagens bastante conhecidos como no poema de Silviano, ora quem as inventa é o próprio poeta que encena criticamente a subjetividade. Este é o caso de Armando Freitas Filho e de certos personagens que inventa, como o Mr. Interlúdio e o Dr. Acaso de *À mão livre*, que dão margem a perguntas como essa:

de mim para mim
na falha desse espaço
onde só cabe
a lâmina de uma faca
o que se passa?

A indagação é ampliada num livro mais recente de Armando, *longa vida* (1982), onde da tensão entre poesia e cotidiano surge um ego falsário que se autodefine como um "livro aberto em qualquer página": o poeta. Observe-se o seguinte poema:

quem escreve aqui
com lápis
com lapso-lazúli
e colore este colapso
comendo gato por lebre
é um ladrão de mim
um Heterônimus Bosch
fingidor, personne, persona
e o grande
Fernando 'Falsário' Pessoas
que se desfazem

desfeitas pela ventania
dos disfarces

Poeta: máscara capaz de se desdobrar em muitas outras. Definição bem diversa daquele "eu malandro" dos poemas de Chacal, Charles ou Bernardo Vilhena. Ou do ego tão onipotente da poesia de Paulo Leminski. Munido de trocadilhos, lapsos e máscaras, Armando Freitas Filho faz uma poesia cujo objeto é o *eu lírico*. Mas, objetivando-o explicitamente, encena-se, ao mesmo tempo, o afastamento de uma poesia incapaz de tematizar o sujeito a não ser para reiterá-lo como eixo todo-poderoso de suas significações, como aconteceu em grande parte da produção poética de 70. O "eu" foi sua chave mestra, como a referencialidade era a da prosa naturalista ou fantástica dos últimos vinte anos. Em ambos os casos, autoritária mão única para o sentido: referência ou auto-expressão.

Tematizando o sujeito, mas com poucas máscaras e as armas do paradoxo, do humor e da invenção: este o caminho de Sebastião Uchoa Leite num poema como "Metassombro", incluído em *Antilogia*:

eu não sou eu
nem o meu reflexo
especulo-me na meia sombra
que é meta de claridade
distorço-me de intermédio
estou fora de foco
atrás de minha voz
perdi todo o discurso
minha língua é ofídica
minha figura é a elipse

No texto de Sebastião, a reflexão em torno do sujeito poético não é para realçá-lo, é um meio de tirar-lhe o poder, de avisar: "perdi todo o discurso". Aviso reiterado igualmente pelo trabalho poético com o lugar-comum e a marca publicitária ("entre/figuras/de marketing/fulgura/ainda/a palavra/álacre") que vem sendo realizado por Régis Bonvicino. E não é por acaso que seu último livro se intitula justamente *Sósia da cópia* (1983), numa brincadeira cruel com a subjetividade, convertida em simples reprodução de uma reprodução, abismo mimético que se pergunta:

por que
poesia?

se sou

personagem de bijuteria
palavra de segunda mão
tradução da tradução da tra

Régis Bonvicino, como Sebastião Uchoa Leite, deixa de lado qualquer possibilidade de se vislumbrarem retratos lá onde se lêem poemas. O jogo é outro. "Metassombro", "tradução da tradução da tra": estes os difíceis rastros de um sujeito propositadamente fora de foco. Outras palavras e descarte semelhante do retrato biográfico-geracional característico da poesia brasileira de 70, desta vez levado a cabo pelo poeta-tradutor Vinicius Dantas em *Meu deseu* (1981):

o abismomesmo
mesmomais
mesmomesmo
mim

Abismo irônico impresso em fundo negro e círculos infernais onde a palavra "eu" se multiplica em *ego, ich, ío, yo, I, je* num texto meio assassino e belíssimo de Augusto de Campos publicado no "Folhetim" de 14 de agosto de 1983. E onde o sujeito se abisma aos poucos, restando, no centro do poema gráfico, apenas um "sos". Reduz-se o "eu" a uma instância gramatical que prolifera em várias línguas e, numa série meio dispersa, ocupa o círculo mais amplo, aquele que circunda os demais que compõem o poema. No círculo que se segue a esta cadeia de egos, lê-se: nós/sós/pós. A seguir: que/faremos/após/? E assim por diante: sem pai/sem sol/sem mãe; na/noite/que/anoitece; vagaremos/sem/voz; sosilêncio. Até o eixo desse labirinto circular onde um aparente excesso de "eus" se afoga num "sos". E se perde, "sem voz", a velha chave mestra da "poesia do eu" diante dessa irônica armadilha habilmente montada com círculos e elipses por Augusto de Campos.

Reflexão tática – Aliás, um dos gestos mais repetidos na poesia brasileira dos primeiros anos da década de 80 tem sido uma espécie de reapresentação maliciosa de um dos poemas mais conhecidos de José

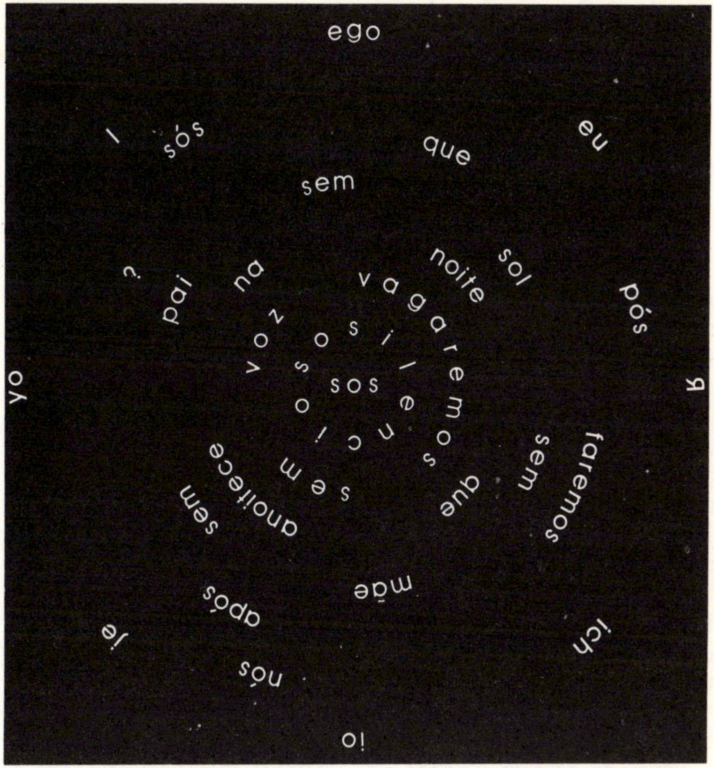

Paulo Paes e incluído no livro *Anatomias* (1967), "O suicida ou Descartes às avessas":

> cogito
>
> ergo
>
> pum!

E repetido num duplo sentido. Ora tendo como alvo a poesia de 70 e sua egolatria, o que fica nítido num dos poemas de *Ponta da língua* (1983), de Nelson Ascher:

Morrer duma overdose
de verso ou de poetas
– reconhecida pose –
é tática obsoleta.

Melhor: que, na gaveta,
meu cérebro necrose
– atleta de muletas –
cantando a vie en rose.

Ora anunciando a substituição de uma poesia expressiva, com *overdoses* de sinceridade e cujas formas privilegiadas foram o *take* e o diário (cantando a vida, só que nem sempre "*en rose*" como sugere Nelson Ascher), por uma tentativa de redefinir o "fato literário" e uma poesia mais reflexiva.

"Eu abandonei o passado a esperança a/memória o vazio da década de 70/sou um navio lançado ao/alto-mar das futuras/combinações", lê-se num dos *20 poemas com brócoli* de Roberto Piva. E uma dessas "futuras combinações" sobre as quais se indagava Piva em 1981 parece ser justamente a tendência a passar de uma literatura centrada na auto-expressão para uma *poesia reflexiva*, com um pé na filosofia, outro na literatura, como a realizada por Sebastião Uchoa Leite e por Ronaldo Brito. O primeiro, sob o signo do vampiro, com um recurso estudado à ironia e ao *fait-divers*. O segundo com um texto denso, inusual, uma rede de imagens reduzidíssima (mar, deserto, areia, branco), sempre beirando a abstração, e com um efeito extremamente inquietante, de deixar meio sem respiração um leitor acostumado ao tom relaxado e às gracinhas cúmplices da poesia de 70.

Um texto que se escreve entre aspas, abismos e "acasos de tinta", não é à toa que o primeiro susto que se tem ao ler *Asmas* (1982), de Ronaldo Brito, é com a negação mesma da hipótese de se falar de "vida":

A vida não
tudo menos esta
palavra mágica
o mundo talvez
a hipótese de mundo
metáfora sintoma
o texto silêncio

consente o mundo nada
a vida não
língua morta

Vira língua morta, então, o objeto central da poesia biográfico-geracional: o registro milimétrico da vida, do dia-a-dia. Passa-se a refletir sobre vida, mundo, acontecimento enquanto noções, palavras e não coisas palpáveis, logo ali, como a "unha do pé" de Chacal ou o "pneu furado" de Ledusha. E, num jogo quase conceitual, se passa a redefinir o "fato poético":

Não decididamente
não leio o jornal
da minha vida.
O livro do mar
talvez
sua amnésia sistemática.

Entre o diário, o jornal da própria vida, e o livro do mar, de uma espécie secreta e extinta de mar, fica-se com o segundo. Entre a obsessão de anotar qualquer coisa, de fazer de tudo poesia, e a amnésia sistemática, prefere-se a última. É pois numa região de vazios, silêncios e sombras que se escreve a poesia de Ronaldo Brito. E que, sem gracinhas, descarta simultaneamente a hipótese de um ego aventureiro como o dos poetas marginais ("Antes a areia/autista/ao mar de ulisses", "sou esta sombra eu/que erra/imóvel"), o desejo de revelações "sinceras" por parte de um leitor habituado à cumplicidade ("texto sem verdade/pura ânsia de sombra/dura") e a idéia mesma de uma poesia-retrato ("Fala a palavra/ignara/diz o isto/do nada/poema mudo/com critério de sono/cala a fonte/funda/o branco no papel/sem fundo/e asma, asma").

A poesia de Sebastião Uchoa Leite por vezes beira o tom próximo ao conceitual de *Asmas*. Basta lembrar de textos como o "Igual a uma charada" de *Isso não é aquilo* (1982): "o nada é uma concha/uma metáfora encarquilhada/encostada à orelha/ouve-se nela/o ruído igual do vazio/deito-me na membrana do nirvana/nado no côncavo do nada". Mas, ao contrário de Ronaldo Brito, cujo movimento poético é em direção à imagem abstrata, branca, depurada, na poesia de Sebastião concretiza-se a própria idéia de "nada", na qual se deita e "nada" o sujeito lírico. E não se hesita em passar dos paradoxos e jogos com o sentido para o terreno do já-dito ou do *fait-divers*. Porque Sebastião, se rejeita o diário, não abandona o jornal, interlocutor privilegiado nos seus poemas. Como em "Questões de método", texto ora reflexivo, ora quase jornalístico:

um monte de cadáveres em el salvador
– no fundo da foto
carros e ônibus indiferentes –
será isso a realidade?
degolas na américa central
presuntos desovados na baixada
as teorias do state department
uma nova linha de tordesilhas
qual a linha divisória
do real e do não real?
questão de método: a realidade
é igual ao real?
o homem dos lobos foi real? o panopticum?
o que é mais real: a leitura do jornal
ou as aventuras de indiana jones?
o monólogo do pentágono ou
orson welles atirando contra os espelhos?

Um poema de "ous" e interrogações sobre a demarcação do campo do real e a definição de acontecimento. Uma poesia que, ao contrário do que ocorria nos anos 70, passa a problematizar em cadeia seu próprio sujeito, a expectativa de identificação do leitor e a noção de realidade que nela se inscreve. Caminho que, por vezes, se aproxima do de textos como "O concerto de João Gilberto no Rio de Janeiro", conto de Sérgio Sant'Anna onde se toma como ponto de partida exatamente um não-acontecimento: um show de João Gilberto anunciado em 1979 e depois desmarcado por problemas com o sistema de som do Canecão. Como no poema de Sebastião Uchoa Leite, trabalha-se aqui com o "documento", o recorte de jornal, o *fait-divers*, mas expostos à ação da ironia e da ficção. E parece que se utilizam propositadamente de fatos jornalísticos. Porque assim fica ainda mais nítido o trabalho de elaboração literária. Assim como a crítica à literatura-verdade de 70. E a redefinição ficcional do acontecimento, tirado do jornal e agora "outro", também real, mas outro, numa situação semelhante à de "orson welles atirando contra os espelhos".

E é sob o signo da afirmação da ficcionalidade, do texto reflexivo, de uma linguagem elíptica e de um humor afiado que se abandona a dicção dominante dessa literatura com "síndrome de prisão" que se produziu no período pós-64. Uma literatura interessada em resistir, mas cujas armas preferenciais foram semelhantes às do próprio regime autoritário: retratos da nacionalidade ou confissões pessoais. Sem dúvida retratos com cores diferentes e confissões obtidas sem tortura. Mas a um alto preço: graças à redução do horizonte plural da linguagem literária, de acordo com os pactos referenciais ou subjetivos da prosa naturalista e da poesia do eu. Redução que se poderia burlar, como se discutiu aqui, talvez apenas com alguma pelica e muitas elipses.

III. Agora Sou Profissional

o revólver do meu sonho
atirava
atirava no que via
mas não matava o desejo
do que ainda não existia
(Waly, Gil, Fréjat)

"Agora sou profissional", este é o último verso de um dos poemas do *A teus pés* de Ana Cristina Cesar. Qualificação que se poderia atribuir igualmente ao panorama literário brasileiro atual. De um lado as editoras vão perdendo o perfil metafórico de "casas" que lhes era atribuído nos áureos tempos da José Olympio e passam a assumir postura empresarial cada vez mais agressiva. Os escritores, por seu turno, submetidos gradualmente a um processo de profissionalização inédito em termos de vida literária brasileira, começam, em maior número, a "viver de literatura", coisa reservada, há algum tempo atrás, a Jorge Amado e Érico Veríssimo. E a conviver com a idéia de que o livro, mais do que objeto cultural, na presente ótica mercantil, é uma mercadoria vendável e lucrativa. Daí, a necessidade de dialogar agora não apenas com os próprios pares ou com um leitor cúmplice, mas com um público de traços mais indefinidos, anônimos, e passíveis de registro unicamente pelos índices de vendagem. Índices que, por sua vez, criam um outro regime de valoração da obra literária. Baseado não mais em critérios sobretudo estéticos, mas fundamentalmente em flutuações mercadológicas.

Isso fica patente, por exemplo, em declaração, irônica sem dúvida, mas bastante reveladora, do misto de ficcionista e editor que é Márcio Souza: "Não converso com escritor que ainda não vendeu pelo menos cinco mil exemplares." Ou na hábil confusão entre o volume da repercussão imediata e a qualidade propriamente dita da intervenção literária, expressa numa crônica de Affonso Romano de Sant'Anna publicada no *Jornal do Brasil* de 1º de maio de 1985. Nela, inebriado pela correspondência recebida e pelas respostas obtidas com a divulgação, via tv, de uma série de odes fúnebres a Tancredo Neves (sendo uma delas – cheia de rimas em "ão" – de sua própria autoria), o cronista parece não perceber que o "texto poético" recebe um tratamento todo especial quando veiculado pelos *media*.

Aparece no vídeo sempre entre aspas, com assinatura pretensamente "nobre", em tipo diferente do das legendas que o espectador está acostumado a ver, e é via de regra narrado com voz superemocionalizada por um locutor que acentua, assim, a *diferença* daquilo que lê. É, pois, como uma espécie de pingüim cuidadosamente colocado sobre a televisão que a poesia entra nos *media*. Qualquer possível tensão que pudesse criar para a linguagem corrente nos veículos de comunicação de massa fica atenuada *a priori*. Antes mesmo que o público chegue a ter acesso ao texto inteiro desses poemas normalmente curtos, rimados e obedientes ao "tempo" da televisão e à idéia tradicional de poesia desses mesmos espectadores, eles já foram devidamente emoldurados e domesticados pelo inteligente tratamento espetacular que recebem da indústria cultural.

Não é à toa, então, que Márcio Souza nomeie como antagonistas os escritores com público restrito ("Quem tem que se justificar são os escritores que não vendem nada", lia-se na *Folha de S. Paulo* de 27 de abril de 1985) e Affonso Romano os englobe sob uma caracterização genérica: "velha vanguarda". Trata-se, portanto, de atacar antes que venham dardos demasiado venenosos. Antes que uma literatura menos petrificada pela banalização se permita, talvez, chamar alguns de nossos escritores mais afeitos ao mercado do que à experimentação de "Kid Supérfluo" ou "Dolores Descartável", como na canção de Arrigo Barnabé e Ricardo Porto. Trata-se, pois, com as mãos entrelaçadas às normas do consumo, de desqualificar o experimental, o que não pode ser veiculado para 150 mil leitores ou para milhões de telespectadores com a mesma facilidade da prosa de Márcio Souza ou do poema em "ão" de Affonso Romano de Sant'Anna. E de olhar com desconfiança aquilo que não conta com a bênção dos índices de vendagem da indústria do livro ou com as aspas eletrônicas dos *media*.

De um modo ou de outro, tentando manter um comportamento alternativo nos moldes da década de 70 (é o caso de Glauco Mattoso e seu *Jornal Dobrabil*), mergulhando de cabeça na indústria cultural (como acontece com Bernardo Vilhena, ontem geração mimeógrafo, hoje letrista de *rock*) ou na profissionalização literária (vide os exemplos de Leminski, poeta-tradutor contratado da Editora Brasiliense, ou de Flávio Moreira da Costa, com "salário de romancista" na Editora Record), na definição de um perfil intelectual para o escritor brasileiro dos anos 80 fica difícil ignorar sua posição frente ao mercado e suas exigências e à crescente industrialização de nosso sistema editorial. E se nos anos 70 a censura e a cooptação foram a trilha dupla a ser percorrida por uma produção cultural impelida a um diálogo constante com um Estado ora repressor, ora mecenas, a década de 80 introduz outro fiel nessa balança: a lógica do mercado. Com isso, abre-se outra trilha igualmente dupla. Não a da censura, mas a da profissionalização. Apontando de um lado para a possibilidade de dedicação exclusiva ao trabalho literário e de outro para o servilismo diante das leis de venda, para um mergulho arriscado no banal.

Criou-se, então, e não apenas na área de ficção, um novo tipo de intelectual: com um pé no verniz acadêmico e outro na dicção jornalística. Um intelectual de divulgação, figura que prolifera com extraordinária rapidez à medida mesmo que se ampliam os espaços para resenhadores de livros na grande imprensa e que aumenta a solicitação de textos de fácil compreensão, e ao mesmo tempo com mínima aparência competente, por parte das coleções de estudos e biografias de bolso que se multiplicam no panorama editorial brasileiro recente. O que deu origem a uma incrível voga ensaística nesses primeiros anos da década de 80. Um pouco como se a distensão política, mesclada ao crescimento da indústria editorial, tivesse servido de impulso ao desenvolvimento dos textos de opinião e à entrada no mercado de uma geração de críticos formada exatamente nos anos de maior repressão política. E se os resultados desse surto ensaístico nem sempre são especialmente significativos, é interessante perceber como colaboram no sentido de indicar ao leitor cúmplice e emocionado da década passada um outro jeito de olhar para a produção cultural. Um jeito mais crítico e talvez capaz de impeli-lo a estabelecer algumas diferenças qualitativas em meio à massa de livros lançados sobre ele nos últimos anos.

Transformação crítica capaz, por exemplo, de impedi-lo de engolir por "obra-prima" o surto de "romances de fundação" que domina, como uma espécie de fundamento ideológico-literário para a noção mesma de "nova república", as listas de *best-sellers* nacionais no 1º semestre de 85. E no qual se incluiriam tanto a utopia comunitária construída por Jorge Amado em *Tocaia Grande* quanto a definição étnica de uma "alminha" nacional realizada por João Ubaldo Ribeiro em *Viva o povo brasileiro*. Mudança do leitor no sentido de uma percepção menos de compadre ou de consumidor para a qual pode contribuir a atual voga ensaística.

Não é de estranhar, então, que Paulo Leminski, à maneira do que faz Affonso Romano de Sant'Anna com a "vanguarda", tome por oponente uma figura meio alegórica de "crítico". É assim mesmo que, nas suas novas funções de cronista de jornal, se refere à crítica como "inútil" e "incapaz de deflagrar um grande movimento artístico sequer" em artigo publicado em 27 de abril de 1985 na *Folha de S. Paulo*. Inimigo "inútil", mas assassino: "É o agente funerário da arte". E ainda mais temível à medida que olha com desconfiança para a necessidade de diluição do próprio projeto estético e para a autopromoção como molas mestras da criação literária nesses tempos marcados pela lógica do consumo. E talvez seja mesmo essa uma das principais funções da crítica nos próximos anos: atuar como uma "não-semelhante", capaz de olhar com desconfiança para as banalizações impostas pelas leis do mercado à produção literária e a um intelectual constantemente impelido a se converter ele mesmo em mercadoria vendável ou em simples garoto-propaganda. Diálogo entre literatura e crítica que pode se mostrar produtivo nessa década de 80. E que já apresenta alguns resultados significativos como o aparecimento de uma literatura mais reflexiva em substituição à paixão expressiva de 70 e capaz de optar ora pelas trilhas do delírio, ora pelas vias imprevisíveis da elipse, ora por um discreto enlace com o ensaísmo.

Referências Bibliográficas

(*1*) Abreu, Caio Fernando. *Pedras de Calcutá*. SP, Alfa-Ômega, 1977.
(*2*) Alvim, Chico. *Passatempo*. SP, Brasiliense, 1981.
(*3*) Ângelo, Ivan. *A casa de vidro*. SP, Cultura, 1979.
(*4*) Antônio, João. *Dedo-duro*. RJ, Record, 1982.
(*5*) Arrigucci Jr., Davi. *Achados e perdidos*. SP, Polis, 1979.
(*6*) Ascher, Nelson. *Ponta da língua*. SP, Max Limonad, 1983.
(*7*) Augusto, Eudoro. *Cabeças*. RJ, ed. do autor, 1981.
(*8*) Augusto, Sérgio. "Os bobos da corte estão levitando" *In: Encontros com a Civilização Brasileira* nº 12. RJ, Civilização Brasileira, 1979.
(*9*) Bonvicino, Régis. *Sósia da cópia*. SP, Max Limonad, 1983.
(*10*) Bosi, Alfredo. *O conto brasileiro contemporâneo*. SP. Cultrix, s/d.
(*11*) Bresser Pereira, Luiz Carlos. *As revoluções utópicas*. Petrópolis, Vozes, 1979.
(*12*) Brito, Antônio Carlos de. *Beijo na boca*. RJ, ed. do autor, 1975.
(*13*) ———— . *Grupo escolar*. RJ, ed. do autor, 1974.
(*14*) ———— . *Na corda bamba*. RJ, ed. do autor, 1978.
(*15*) Brito, Ronaldo. *Asmas*. SP, Kairós, 1982.
(*16*) Campos, Haroldo de. *Galáxias*. SP, Ex-Libris, 1984.
(*17*) Carone, Modesto. *As marcas do real*. RJ, Paz e Terra, 1979.
(*18*) Cesar, Ana Cristina. *A teus pés*. SP, Brasiliense, 1982.
(*19*) Chacal. *Drops de abril*. SP, Brasiliense, 1983.
(*20*) Charles. *Coração de cavalo*. RJ, ed. do autor, 1979.
(*21*) Dantas, Vinicius. *Meu deseu*. SP, ed. do autor, 1981.
(*22*) Freitas Filho, Armando. *À mão livre*. RJ, Nova Fronteira, 1979.
(*23*) ———— . *longa vida*. RJ, Nova Fronteira, 1982.
(*24*) Gabeira, Fernando. *O que é isso, companheiro?* RJ, Codecri, 1979.
(*25*) Hallewell, Laurence. *O livro no Brasil*. SP, T. A. Queiroz/Edusp, 1985.
(*26*) Hollanda, Heloísa Buarque de. *Impressões de viagem*. SP, Brasiliense, 1980.
(*27*) ———— e Gonçalves, Marcos Augusto. "Política e literatura: a ficção da realidade brasileira" *In: Anos 70* nº 2. RJ, Europa, 1979.
(*28*) ———— e Pereira, Carlos Alberto. *Patrulhas ideológicas*. SP, Brasiliense, 1980.
(*29*) Ianni, Octavio. "O Estado e a organização da cultura" *In: Encontros com a Civilização Brasileira*. RJ, Civilização Brasileira, 1978.
(*30*) Konder, Rodolfo. *Cadeia para os mortos*. SP, Alfa-Ômega, 1977.

(*31*) Ledusha. *Poemas*. SP, Brasiliense, 1984.
(*32*) Leite, Sebastião Uchoa. *Antilogia*. RJ, Achiamé, 1979.
(*33*) ———. *Isso não é aquilo*. SP, Alternativa, 1982.
(*34*) Leminski, Paulo. *Caprichos & relaxos*. SP, Brasiliense, 1983.
(*35*) ———. *Agora é que são elas*. SP, Brasiliense, 1984.
(*36*) Lima, Luiz Costa. *Dispersa demanda*. RJ, Francisco Alves, 1981.
(*37*) ———. "O conto na modernidade brasileira" *In: O livro do seminário*. SP, L. R. Editores, 1983.
(*38*) Maciel, Eliane. *Com licença, eu vou à luta*. RJ, Codecri, 1983.
(*39*) Martins, Carlos Estevam e Velasco e Cruz, Sebastião C. "De Castelo a Figueiredo" *In: Sociedade e política no Brasil pós-64*. SP, Brasiliense, 1983.
(*40*) Miceli, Sérgio. *Intelectuais e classe dirigente no Brasil (1920-1945)*. SP, Difel, 1979.
(*41*) ——— e outros. *Estado e cultura no Brasil*. SP, Difel, 1984.
(*42*) Nassar, Raduan. *Lavoura arcaica*. RJ, José Olympio, 1975.
(*43*) ———. *Um copo de cólera*. SP, Cultura, 1978.
(*44*) Noll, João Gilberto. *O cego e a dançarina*. RJ, Civilização Brasileira, 1980.
(*45*) Ortiz, Renato. *Cultura brasileira e identidade nacional*. SP, Brasiliense, 1985.
(*46*) Paes, José Paulo. *Anatomias*. SP, Cultrix, 1967.
(*47*) Paula, José Agrippino de. *PanAmérica*. RJ, Tridente, 1967.
(*48*) ———. *Lugar público*. RJ, Civilização Brasileira, 1965.
(*49*) Pereira, Carlos Alberto. *Retrato de época*. RJ, Funarte, 1981.
(*50*) Piva, Roberto. *20 poemas com brócoli*. SP, Massao Ohno, 1981.
(*51*) Plassat, Xavier e outros. *Memórias do exílio*. SP, Livramento, 1978.
(*52*) Saldanha, Carlos. *Ás de colete*. RJ, ed. do autor, 1979.
(*53*) ———. *Visões do bardo*. RJ, ed. do autor, 1980.
(*54*) ———. *Os mistérios*. RJ, ed. do autor, 1980.
(*55*) Salomão, Waly. *Gigolô de bibelôs*. SP, Brasiliense, 1983.
(*56*) Sant'Anna, Sérgio. *Confissões de Ralfo*. RJ, Civilização Brasileira, 1975.
(*57*) ———. *O concerto de João Gilberto no Rio de Janeiro*. SP, Ática, 1982.
(*58*) Santiago, Silviano. *Em liberdade*. RJ, Paz e Terra, 1981.
(*59*) ———. *Vale quanto pesa*. RJ, Paz e Terra, 1982.
(*60*) ———. *Crescendo durante a guerra numa província ultramarina*. RJ, Francisco Alves, 1978.
(*61*) Schwarz, Roberto. "Cultura e política, 1964-69" *In: O pai de família e outros estudos*. RJ, Paz e Terra, 1978.
(*62*) ———. *Ao vencedor as batatas*. SP, Duas Cidades, 1977.
(*63*) Tapajós, Renato. *Em câmara lenta*. SP, Alfa-Ômega, 1977.
(*64*) *Vinte e seis poetas hoje*. Org. Heloísa Buarque de Hollanda. RJ, Labor, 1976.

Sobre a Autora

FLORA SUSSEKIND, carioca, 29 anos, fez a graduação em Letras e o mestrado em Literatura Brasileira na Pontifícia Universidade Católica (PUC) do Rio de Janeiro, e está terminando o doutorado em Literaturas de Língua Portuguesa nesta mesma Universidade.

Colabora no Caderno B do *Jornal do Brasil* como crítica de literatura e de teatro infantil desde 1979. É também colaboradora esporádica do Folhetim do jornal *Folha de São Paulo* e de revistas especializadas.

Flora é pesquisadora-assistente na Fundação Casa de Rui Barbosa, setor de Filologia, desde 1981. Foi professora da PUC no Departamento de Letras (1979-1982) e da Universidade Federal Fluminense (UFF) no Departamento de Teoria Literária (1983). Atualmente, leciona na Universidade do Rio de Janeiro (UniRio) no Departamento de Teoria Teatral.

Suas obras publicadas são:

O negro como arlequim (1982), uma análise dos personagens negros na literatura brasileira da segunda metade do século XIX.

O sapateiro Silva, em colaboração com Raquel Valença (1983), uma revisão da poesia brasileira do século XVIII.

Cultura e sociedade em Manoel Bomfim, em colaboração com Roberto Ventura (1984), sobre o uso de metáforas em um texto de ciências sociais.

Tal Brasil, qual romance? (1984), um estudo da recorrência do naturalismo na literatura brasileira.

A invenção do Rio de Janeiro (Revistas de ano e reformas urbanas na virada do século) (no prelo), exame de um gênero teatral, a revista de Artur Azevedo, de muito sucesso no final do século XIX.

Nesta mesma coleção...

BRASIL OS ANOS DE AUTORITARISMO análise · balanço · perspectivas

O GOLPE NA EDUCAÇÃO

Luiz Antônio Cunha e Moacyr de Góes

O regime autoritário que por 20 anos dirigiu os destinos do país atingiu mortalmente os movimentos sociais que reinventavam a educação brasileira. Foi o que aconteceu com a "Campanha De Pé no Chão também se Aprende a Ler" (Natal), com o "Movimento de Cultura Popular" (Recife), com o "Movimento de Educação de Base" e tantos outros pelo Brasil a fora.

O GOLPE NA EDUCAÇÃO não se contentou em reprimir. Impôs novas políticas educacionais, inspiradas pelo imperialismo norte-americano e pelos interesses dos empresários do ensino.

Neste livro, são passados em revista tanto os movimentos educacionais de base popular dos anos 50 e 60, quanto as políticas educacionais do governo autoritário, de 1964 a 1984.

Para REVERTER O GOLPE NA EDUCAÇÃO, os autores incorporam as principais bandeiras das entidades e pessoas que lutam pela democratização da educação no Brasil.

Nesta mesma coleção...

BRASIL OS ANOS DE AUTORITARISMO
análise · balanço · perspectivas

A IGREJA E O AUTORITARISMO

Marcos de Castro

Prefácio de Frei Betto:
A Igreja Vista por Dentro

Em *A Igreja e o Autoritarismo* o autor busca traçar um amplo retrato de como a Igreja, unida praticamente num só bloco, reagiu à perseguição que lhe moveu o regime de 64 no Brasil, sobretudo a partir do momento em que ela se caracterizou como única entidade da sociedade civil em condições de enfrentar o arbítrio. De como essa reação foi heróica, no sentido cristão de defesa da justiça pelo exercício do amor ao próximo – que é extensão do amor a Deus – levado às últimas conseqüências. Mas mostra também como dentro da própria Igreja o autoritarismo teve aliados – poucos, mas sem maiores escrúpulos de se tornarem perseguidores de seus irmãos. E mostra, finalmente, como o fim de um inimigo externo, a partir de 1984, serviu para abrir brechas internas, expressas sobretudo na polêmica da Teologia da Libertação, movimento que, entretanto, o autor vê como irreversível.